増補改訂版

図解 実践MOT入門

出川 通
degawa toru

技術を新規事業・新商品につなげる方法

言視舎

はじめに

　新規事業のための実践ＭＯＴ（Management of Technology、技術経営）とはどのように役立つのだろうか？　技術をベースにイノベーションに成功し儲けるための活用方法は本当にあるのか？　このような疑問に答えて実践に役立てていただくのが、本書の目的です。

　「ＭＯＴ」、「技術経営」と呼ばれている考え方に興味を持つ人は多いと思います。一方ではＭＯＴはピンとこなくても「イノベーション」、「技術のマネジメント」に関心をもったことはありませんか？　企業のなかでは「新規事業の推進」「研究開発成果を新事業・新商品に」「新規事業テーマの探索」などにかかわりを持つ人は多くなり、確実に増えてきています。

　本書は技術をいかにうまくマネジメントして新規事業・新商品の創出（これを企業におけるイノベーションとも呼びます）につなげるかを、実践的に日本の企業（製造業）向けに一般化、パターン化して体系化した最新のワークブックです。

　新規事業は「新規」ですから「未来」への挑戦であり、その結果、不確実性を持つものです。したがって単なる知識としてのＭＯＴをいかに学んでもなかなかうまくいきません。

　ここでは筆者の企業での３０年の新規事業立ち上げ経験と１１年にわたる日本の製造業２００社以上へのコンサルテング経験をもとに、実践の場で共通として必要とされる「実践ＭＯＴの定石」を図解・チャート式として集大成しました。

　多くの会社が新規事業や研究開発に迷っているなか、今がチャンスです。ぜひ、一度、技術者、経営者、新規事業担当者はこの本で実践ＭＯＴの定石を学び、会社と自分の価値を他社、他人に先駆けて高めていただけることになれば幸いです。

２０１４年初夏
㈱テクノ・インテグレーション　代表取締役
開発・事業化コンサルタント　出川　通

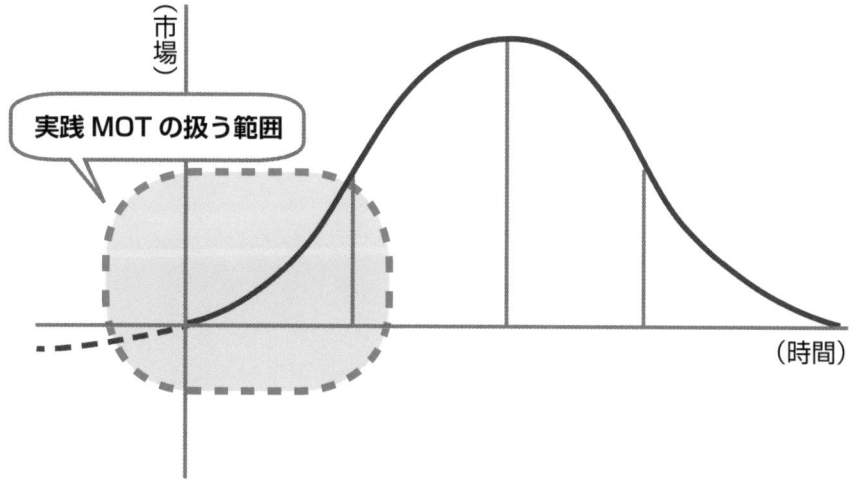

目次

はじめに

PREVIEW 0　実践MOT展開フレームワーク

実践MOT全体体系のフローチャート　8
一目でわかる実践MOTチェックシート　9

CHAPTER 1　成功し顧客価値を得る実践MOTの基本

1-1　製造業における儲かるパラダイムの変化　12
1-2　儲かるパラダイムへの組織体制の徹底解剖　14
1-3　成功するイノベーションと実践MOTツールの紹介　16
1-4　R&Dから実践MOTへ、MOTからMBAへ　18
まとめと実践ワークシート　20

CHAPTER 2　差別力をつける技術シーズの時系列マネジメント

2-1　研究・開発から事業化への4つのステージと3つの障壁　22
2-2　死の谷の意味とその越え方　24
2-3　ハイテクとローテクの捉え方　26
2-4　新技術を使える技術とするマネジメント　28
まとめと実践ワークシート　30

CHAPTER 3　商品開発力を高めるMOTマーケティング

3-1　商品開発のための技術シーズとマーケットニーズの会話　34
3-2　成功するハイテク製品のキャズム理論　36
3-3　存在しないマーケットのフェルミ推定法による規模推定　38
3-4　儲かるマーケティングは開発力そのものである　40
まとめと実践ワークシート　42

CHAPTER 4 機能するベンチャー組織と企業

- 4-1 ベンチャー的組織の本質 44
- 4-2 開発連携型ベンチャー企業 46
- 4-3 大学発ベンチャー企業 48
- 4-4 大企業のなかのベンチャー組織（コーポレートベンチャー） 50
- まとめと実践ワークシート 55

CHAPTER 5 創造するプロジェクト・マネジメント

- 5-1 プロジェクトのマネジメントと管理 58
- 5-2 開発・事業化のためのプロジェクト・マネジメント 60
- 5-3 ベンチャー企業に学ぶプロジェクト・マネジメントの実際 62
- 5-4 プロジェクト・マネジャーの資質と役割 66
- まとめと実践ワークシート 69

CHAPTER 6 損をしない産学連携とアライアンス

- 6-1 アライアンスの基本的な取り組み方 72
- 6-2 産学連携の本質と課題、対応方法 74
- 6-3 オープン・イノベーションとアライアンス展開の実際 76
- 6-4 産官学の判断基準と今後のアライアンス 78
- まとめと実践ワークシート 80

CHAPTER 7 事業化に役立つ知財マネジメント

- 7-1 なぜ知的財産（知財）戦略とマネジメントか 82
- 7-2 事業化に役立つ知的財産 84
- 7-3 各事業化ステージでの知財の役割 86
- 7-4 知財評価と成功する技術・知財移転とは 88
- まとめと実践ワークシート 92

CHAPTER 8 事業構想による研究開発テーマの選び方と評価

- 8-1 技術・市場開発による事業構想とテーマ探索 94
- 8-2 研究開発テーマをどのように設定し事業性を評価したらいいか 96
- 8-3 各種事業性評価とポートフォリオによるプロセス 98
- 8-4 新しい事業戦略マップ（T-G法）によるポートフォリオ 100
- まとめと実践ワークシート 103

CHAPTER 9 未来を共有できるロードマップ、ビジネスプラン

- 9-1 未来の捉え方とロードマップの考え方 106
- 9-2 統合化した技術ロードマップの必要性 108
- 9-3 ビジネスプラン（BP）への落とし込み 110
- 9-4 新事業開発のステップとリスクヘッジ 112
- まとめと実践ワークシート 114

CHAPTER 10 風土を打破しイノベーションを起こす人材

- 10-1 新規事業開発とイノベーション、技術者 116
- 10-2 技術者にとって実践MOTは何の役に立つか 118
- 10-3 企業家精神と個人戦略としてのロードマップ 120
- 10-4 自分の強みを見つけて自立・自律人材となる 122
- まとめと実践ワークシート 124

資料
- ①開発・事業化ステージの実践MOTマネジメントチェックシート 125
- ②カテゴリー別実践シートの検討項目とチェックポイント 126

おわりに 127

著者のMOT関係著作・共著・監修本 128

PREVIEW

実践MOT展開フレームワーク

　ここではMOTの内容に入る前に、実践MOT全体のイメージとその必要性がほんとうにあるか？　あるとすればどの部分を注力して理解すればよいか？ということを戦略的にチェックしていきましょう。

　まずは3分ほど頂いて、次頁の「一目でわかる実践MOTチェックシート」を使って、自らの理解を明確にすることをお奨めします。それにより、全体のフレームワークと本書の活用の仕方がフローチャート的に理解できると思います。

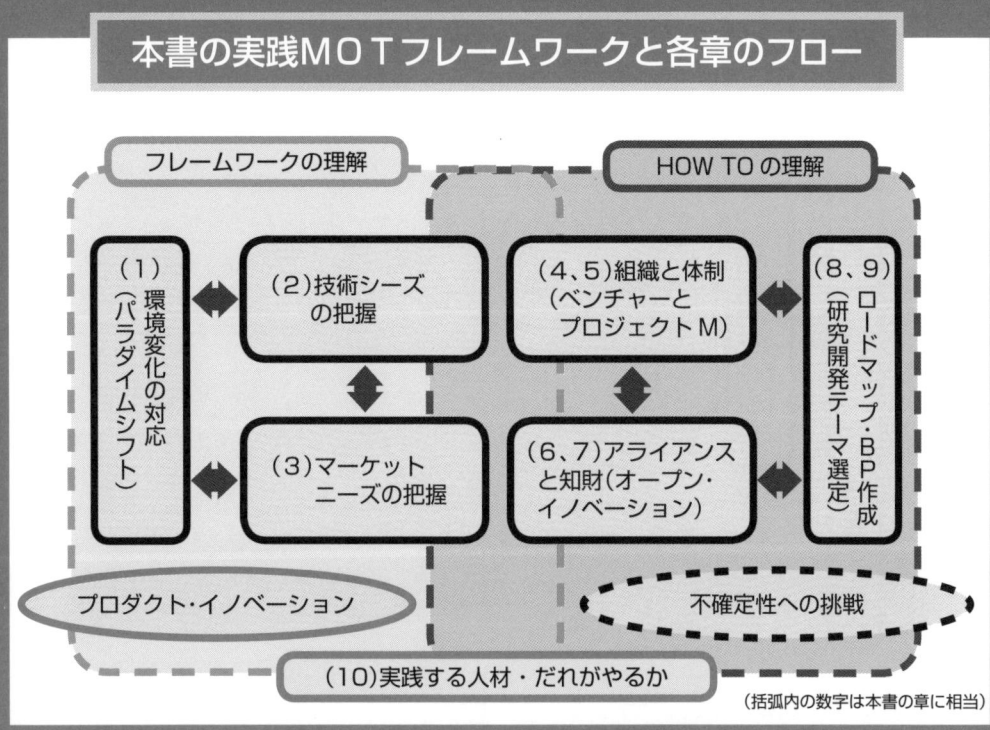

本書の実践MOTフレームワークと各章のフロー

（括弧内の数字は本書の章に相当）

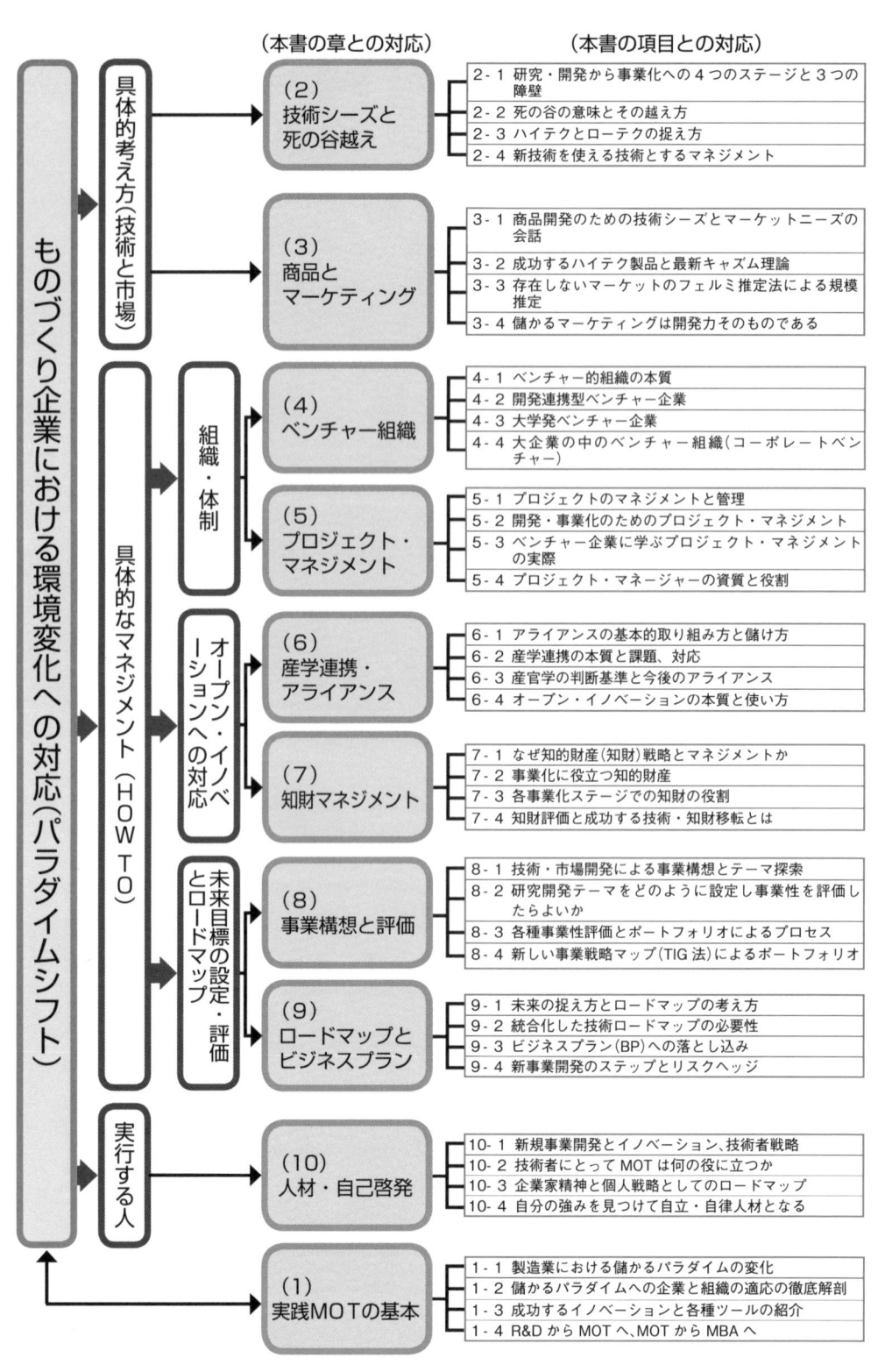

PRE 実践MOT展開フレームワーク

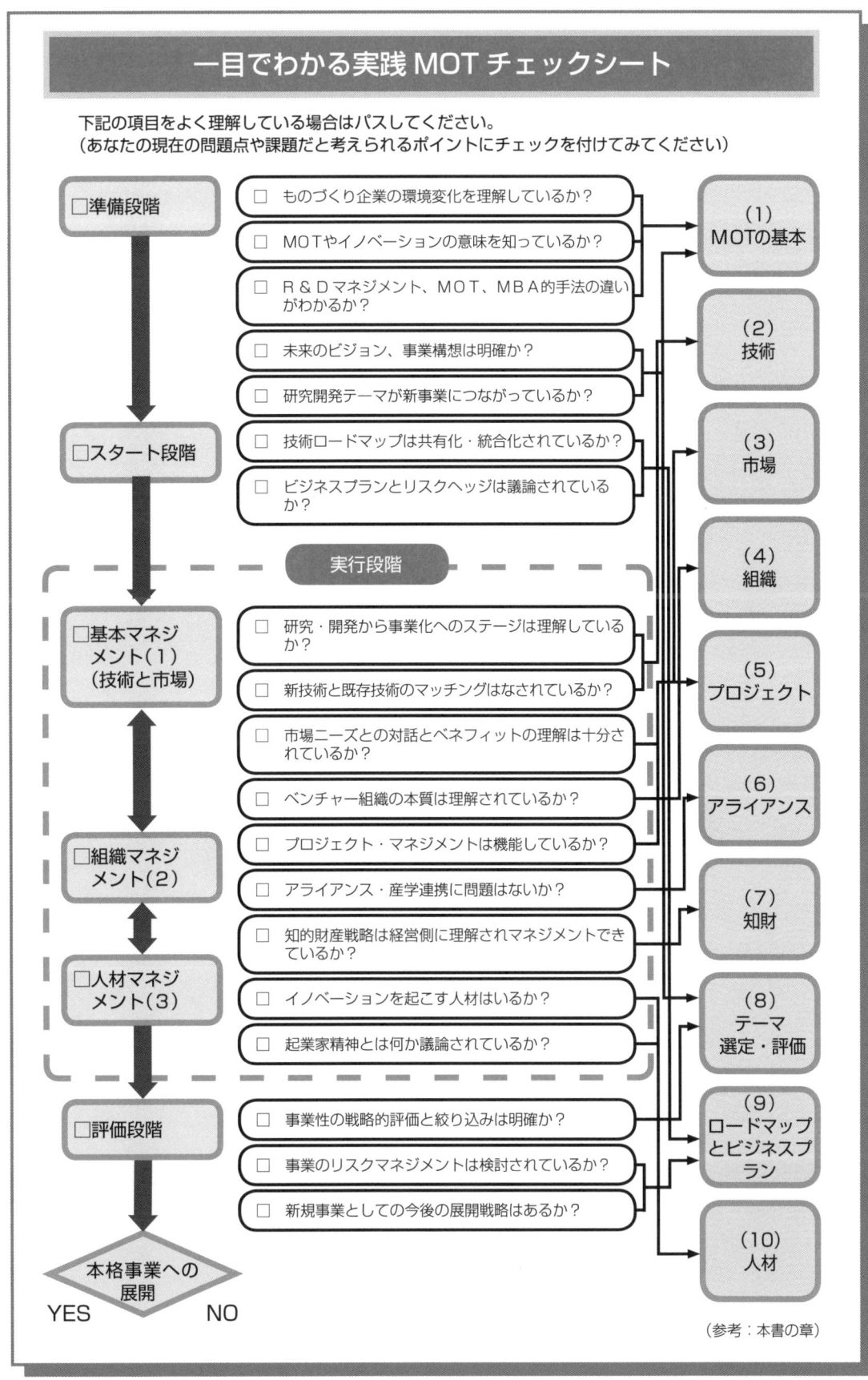

(参考：本書の章)

Management of Technology
MEMO

CHAPTER 1

成功し顧客価値を得る実践MOTの基本

　MOT（技術経営）が必要になってきた背景を「ものづくり」の付加価値の変化として捉えてみました。いいかたを換えると世の中に役立つイノベーションのパターンの変化です。ここでは「もの創り」のためのMOTが揃えているツールのルーツと概要を紹介します。

　また、「MOTはこれまでのR&D（研究開発）マネジメントやMBA（経営学）などと何が違うのだろうか？」「成功し儲けるための活用方法は本当にあるのか？」これらの疑問に答えるための第一歩として、その違いと基本戦略の背景を理解していただきたいと思います。

CHAPTER 1 成功し顧客価値を得る 実践MOTの基本

製造業における儲かるパラダイムの変化

「ものづくり」の本質的な価値とは

「ものづくり」に関する日本の強みはどこにいったのでしょうか？ わが国の製造業の現場では危機感と絶望感が生じています。

しかし、その本質をつかむことでまだまだ打つ手があるということを検討していきましょう。

「ものづくり」…昔は「物・作り」、ここしばらくは「モノ造り」ということで付加価値を生み、日本は世界一の製造業の国といわれるようになってきたのです。

ところが、環境はどんどん変化し、日本での製造業の価値の構図（パラダイム）としての「造りかた」は「物・モノ造り」としての「プロセス・イノベーション型」から「創ること」（いわゆる「もの創り」）としての「プロダクト・イノベーション型」（パラダイムシフト）が顧客価値といわれる時代に移っていると考えられるのです。

プロダクト・イノベーションの時代とは

これまでの技術体系は基本的に「モノ造り」としていかに安く品質のよい製品を作るかというものでした。言葉をかえるとプロセス型のイノベーションの時代であったといえます。今後は、何（どのような製品）をいつまでに商品化・事業化するかという、プロダクト・イノベーションの時代に変化しつつあるといえます。

実はこのような価値の変化（付加価値→顧客価値）におけるパラダイムシフトにうまく対応する方法論が、実践MOT（技術経営）なのです。いわゆるプロダクト・イノベーションの方法論≒MOTを経営者も技術者も認識することが第一歩です。その上で実践方法まで理解するというマネジメントが必要となりました。

プロセス・イノベーションとプロダクト・イノベーションは車の両輪

これからの日本においては、モノ造り（プロセス・イノベーション）よりも、もの創り（プロダクト・イノベーション）の重要性が高まっていき、価値の源泉は移行していきます。しかしながら製造業という企業体としてみた時には、その双方がバランスがとれていることが継続的な利益を得るために必須となります。

現代の日本の企業体では、これまでの成功体験がまだまだ圧倒的にプロセス・イノベーションについてのものであったため、プロダクト・イノベーションについては経験がないにも等しい（特に経営者、中堅幹部）ので、その点の認識と理解が必要です。

実際上の両者の違いは、スコープ（短期／中長期）と方法論（ベクトル≒HOWとWHAT型）が反対のことであり、切り換えと両立はそう簡単ではありません。

組織的な点でいうと大企業（大きな安定的な組織）からベンチャー企業（小さくて動きが早い）組織への移行が圧倒的に有利であることにもつながります。

そのような日本の中でのパラダイムへの全体的な対応が、実践MOTという形で体系化されつつありますが、課題ももちろん多いのです。

1-1 製造業における儲かるパラダイムの変化

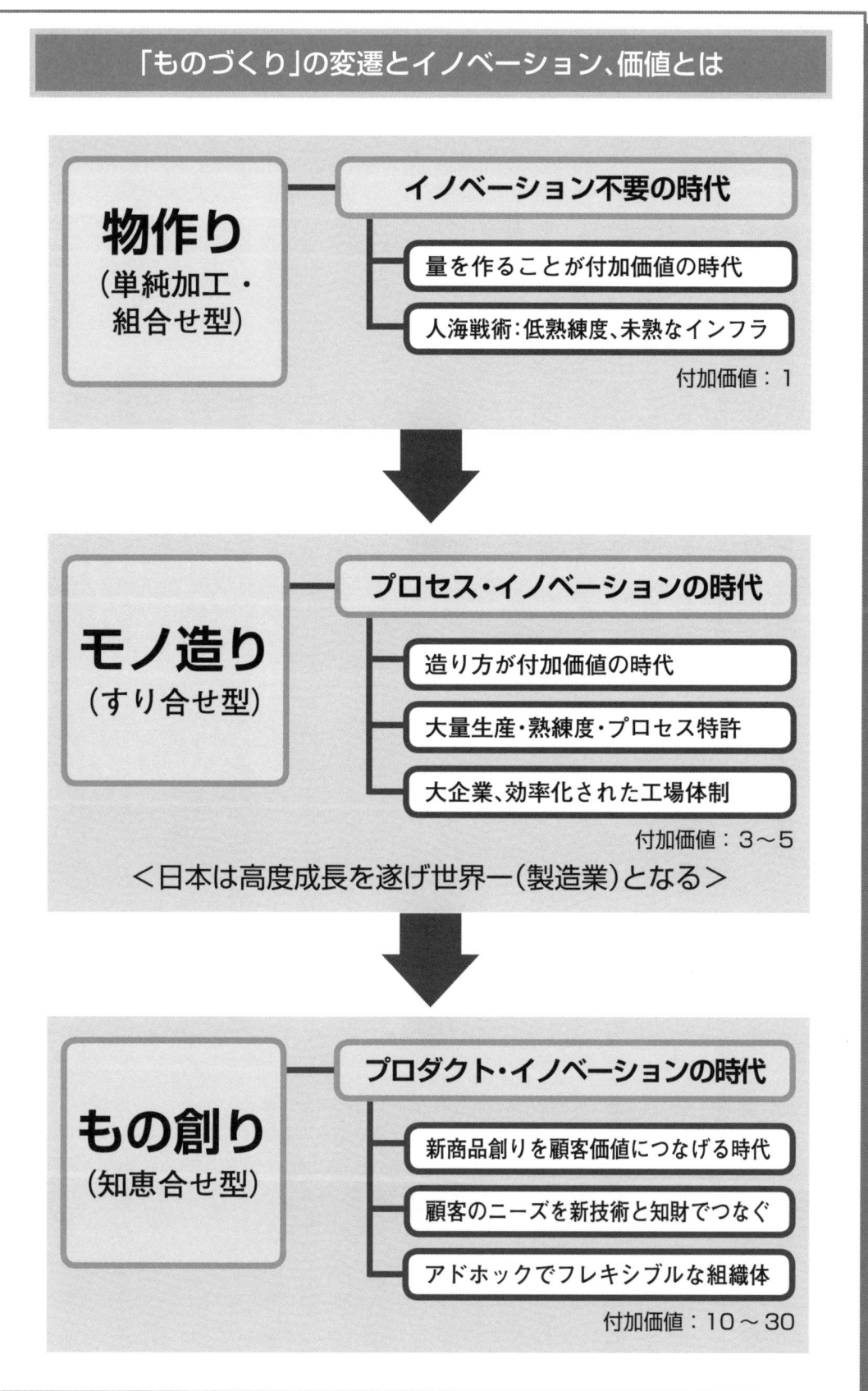

儲かるパラダイムへの組織体制の徹底解剖

CHAPTER 1 成功し顧客価値を得る実践MOTの基本

儲かるパラダイムと組織体制の適応

どのような規模・内容の企業であっても、組織体は新しいことにチャレンジしていくというイノベーション＝もの創りを続けていかないと生き続けられません。

その意味でMOTは、決して大企業だけのものではありません。そこでさまざまな規模の製造業におけるパラダイムシフトについて、組織の適応状況の変化をイメージ的に考えてみましょう。

(STAGE 1)

パラダイムシフトの前、安定的な社会において既存パラダイムが変化していくところです。固定化したパラダイムの中での安定で最適化したパラダイム群、個人の集合は刺激をうけはじめます。

日本で1990年代の初期から2000年代の初期はパラダイムシフトの初期で、製造業の儲けるベースは、プロセス・イノベーション型からプロダクト・イノベーション型へ移動しますが、内部の旧来の慣性などが大企業だけでなく大規模な企業体も意識として新しいパラダイム（＝プロダクトイノベーション）へ移動しようとします。

(STAGE 2)

パラダイムシフトの中期で、日本の2000年代中期～2010年代初期の状態ともいえます。パラダイムシフトが起こってしばらくすると、独立志向の中小企業などでも下請けから脱して動きやすい組織として移動し始めます。生き残るためにその図体の大小にかかわらず、新しいパラダイムに対応し適応してきている状況です。

それと同期して一緒に動けるのは機動性に優れた小さい組織だけでした。またベンチャー企業も生まれました。

(STAGE 3)

パラダイムシフトの末期の一例である米国では、多くの組織や個人がさまざまなチャレンジと変化を経たのち、パラダイムシフトへの適応です。

あり、完全に移動できないジレンマ状況にあります。解決策の1つは分社化やコーポレートベンチャーなどによる、一部組織の切り離し（隔離）によるパラダイムシフトへの適応です。

恐竜化現象として滅亡する運命にあります。一方では多くの組織体はある日、突然ひょう変することもあります。この時に注意すべきは、旧パラダイムの組織体の中で、比較的ぬくぬくと生きてきた個人たちが取り残される恐れがあるということです。

日本はこれまでは各規模別に横並びであることが特徴でした。ここでの企業や個人では規模や業種にかかわらず勝ち組と負け組という分極化が起きます。今後はさらに、パラダイムに適合する・しないに伴う二極化が進んでいくと予想されます。

に進むかどうかについては議論がありますが両者のパラダイムを克服して両立するという形を期待をこめて示しました。

組織としての適応が整わない超巨大な組織は、変化に対応できず、

企業規模との関係と企業や個人の二極化の流れ

14

1-2 儲かるパラダイムへの組織体制の徹底解剖

企業規模とパラダイムシフトへの対応イメージ

1990〜2000

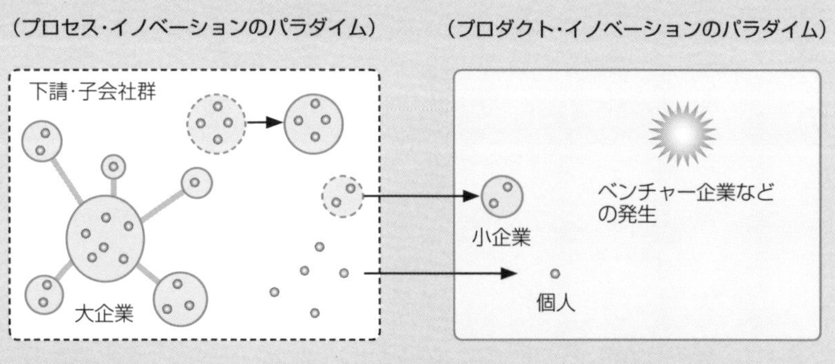

（プロセス・イノベーションのパラダイム）／（プロダクト・イノベーションのパラダイム）

下請・子会社群／大企業／小企業／個人／ベンチャー企業などの発生

- 儲けのパラダイムはもの創り（プロダクト・イノベーション）側にシフト
- 変化を先取りした一部の企業（小企業、ベンチャー）が対応を先取りする
- 大きな組織（特にモノ造りに特化した工場を持つ）は動きが鈍い

2000〜201X

中小企業の二極化

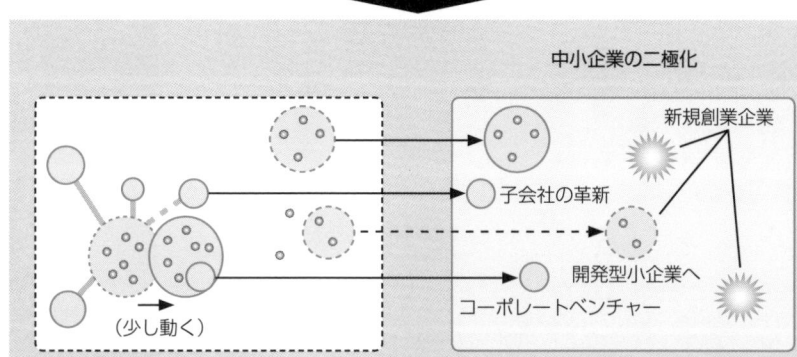

新規創業企業／子会社の革新／開発型小企業へ／コーポレートベンチャー／（少し動く）

- パラダイムは明確にシフトしているが対応はバラバラとなる
- 経営層は変化に気づき、あらゆる手を打ち始める
- 各規模の企業で二極化が生じる

201X〜20YY

大・中企業の二極化

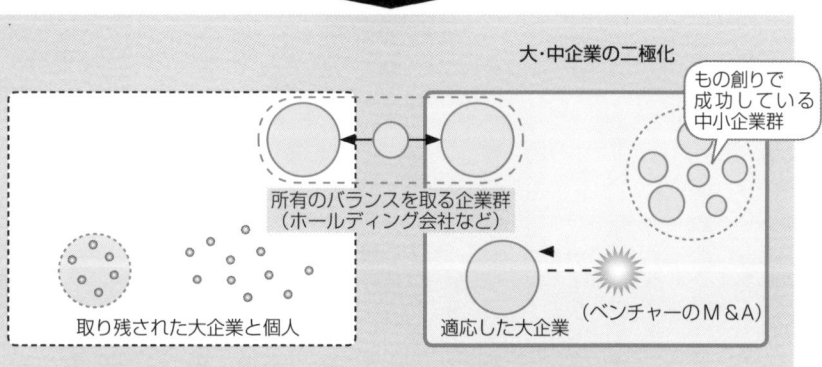

もの創りで成功している中小企業群／所有のバランスを取る企業群（ホールディング会社など）／取り残された大企業と個人／適応した大企業／（ベンチャーのM＆A）

- プロダクト・イノベーションのパラダイムへ対応した企業が発展
- 継続的に生き残るのは両者のバランスをうまく取れる企業
- 企業規模はその業態の変化に応じてさまざまな対応が必要

CHAPTER 1 成功し顧客価値を得る実践MOTの基本

成功するイノベーションと実践MOTツールの紹介

■インベンション(発明)とイノベーション

企業経営において、「研究開発部門」への期待は大きく変化してきています。すなわち従来の「インベンション」(発明、独創)への期待から「イノベーション」(事業化、共創)へ変化したのです。

ここで実務的に重要なのは、インベンションはイノベーションの1つの大切な要素ですが全てではなく、明確に区分することが必要なことです。

イノベーションは顧客価値までを明確にするということで、一人では極めて達成できにくく協力がポイントとなります。このためいろいろな人の協力が必要となります。そこでマネジメントとコミュニケーション能力が必要となったのです。

■イノベーションの注力は未来の不確定さ

イノベーションの実現、すなわち「もの創り」を実際に行なうということは、先が見えない世界で成果を出さなくてはいけないのです。しかし技術は未完成、顧客もまだいないとすると、どうやって研究や開発成果を商売にしたらいいのか担当者は悩みぬく場合がほとんどです。

一方では経営側も、技術の蓄積は充分そろっているとの勘違いもあります。特に、大手一流企業(=大企業、大組織)ほど、旧来パターンでの「物造り」成功経験が強く、味で技術全体のマネジメントとして捉えられて研究開発マネジメント、生産システムまで含んでいました。一方では、MOTの邦訳が「技術経営」と訳されたことからくる誤解として、技術者に経営学を教えてしまうということもありました。このあたりの混乱は今では整理されつつあるところです。

結論的にいうと、実践MOTはR&DマネジメントとMBA的手法をつなぐ位置にあるというイメージになってきます。言い方をかえると、研究開発成果をビジネスにする時の障壁である「死の谷」を克服する役目です。このように技術を主体としたイノベーションのマネジメントとしてのMOTは、この不確実性を乗り越えていく具体的なツール類が大切になります。

■実践MOTの重要性と各種ツールとの位置づけ

技術シーズをベースにしたイノベーションのマネジメントを「実践MOT」と定義し明確にします。かつて日本のMOTは、広い意味で技術全体のマネジメントとして捉えられて研究開発マネジメント、生産システムまで含んでいました。一方では、MOTの邦訳が「技術経営」と訳されたことからくる誤解として、技術者に経営学を教えてしまうということもありました。

例えば、開発のためのプロジェクト・マネジメント、ハイテク技術と製品のマーケティング、アントラプルナーシップ(企業家精神)とベンチャーの創生、産学・産産などの連携やアライアンス、IP(知的財産)の保護と活用、リスクマネジメントなどが実践MOTのキーワードになっています。

16

1-3 成功するイノベーションと実践 MOT ツールの紹介

MOT の役立つ範囲と各種ツールの関係

インベンションとイノベーション

- ✕ **インベンション（発明）**
  独創的な作業、個人／リーダーシップの主導プロセス → R&D マネジメントへ
- ○ **イノベーション（創新）**
  共・協創的な作業、チーム／マネジメントの主導プロセス

広義の MOT（技術経営）からイノベーションのマネジメントの実践 MOT へ

- ✕ 技術者に経営学のイロハを教えることを主体とする → MBA へ
- ✕ 技術をベースにした生産管理・工場マネジメント手法を主体とする → 生産管理へ
- ○ 技術をベースにしたイノベーションを起こし 新事業をマネジメント（MOT）

実践 MOT の各種マネジメントツールとチェックポイント

マネジメントツール	内容	チェックポイント
□イノベーション	プロダクト・イノベーションとオープン・イノベーション	不確定さ、不連続さへの展開
□死の谷の克服	死の谷は製品と商品の間、魔の川は研究と開発の間、ダーウィンの海は事業化と産業化の間	マネジメントを変えることで越える
□ベンチャー軽減	肥大化・官僚化した組織・体制からの隔離	運営は経営そのもの
□開発プロジェクト	WHAT 型のプロジェクトマネジメント	HOW TO 型と区分けが必要
□知財戦略	特許から知財（特許＋意匠、商標、著作権…）へ	知財がないと追いつかれる
□アライアンス・産学連携	産産連携などによる外部リソースの有効活用	さまざまなアライアンスの構築
□ハイテク新技術	既存技術（ローテク技術）とのコンビネーション	先端技術の扱いは要注意
□マーケティング	MOT のマーケティングはニッチで、開発テーマを決めるため	マス、セールスマーケティングと異なる
□リスクマネジメント	リスク管理からリスクヘッジへ	不確定な中でのリスクヘッジが必要
□ロードマップ	未来創りと共有化	どこへどのように行くか
□ビジネスプラン	リーダーの覚悟と投資決定判断	ビジネスとしての基軸
□起(企)業家精神	業を企て起こす挑戦心と実行力	ハングリー精神とは違う

CHAPTER 1 成功し顧客価値を得る実践MOTの基本

R&Dから実践MOTへ、MOTからMBAへ

4

規事業のマネジメントは、従来の研究開発のマネジメントや、経営学（MBA）の体系下だけではなかなか難しいことでした。米国では過去30年にわたって、集中的に「イノベーションのマネジメント」としてMOTを取り扱って体系化する努力を行なって成果が出ていますが、日本ではようやく形がみえてきたところです。

MOTとMBA的手法は当然ながら両者とも市場・顧客への対応という意味でマーケティングという言葉に代表される共通するものもあります。しかし異なるところも多くMBA的手法では主に既存の事業や商品をベースとして、「勝ち抜き成長させる」ためのプロセスを受け持っています。

これに対して、実践MOTでは研究から事業化まで不確定な中で「技術を商品まで移行させる」プロセスを主に受け持っているという違いがあります。このため新事業とかイノベーションという言葉が頻出します。

■MOTとMBAの違いの理解

MOTが「技術をベースにして新事業を創造していく」ことに対して、MBA的手法は「企業を効率よく経営し成長させ競合に勝ち抜く」ことを主に考えています。両者は相対するものではなく、時系列的につながるものと考えていただいたほうがよいでしょう。

言い方をかえれば、MOTのほうがより技術の「不確実性の高い中でのマネジメント」ということができます。もちろん、マネジメント手法として重なる部分もあり、またMOTを「技術経営」という言葉で置き換えているので、紛らわしい点もあるかもしれませんが本質的な違いがあることに留意していただきたいところです。

詳細は別に示しますがその中でも「研究」と「開発」の境界にある障壁を「魔の川」と呼び、開発によって製品を作ってそれを商品にする間の障壁を「死の谷」と呼んで、マネジメントの考え方と方法論の違いを明確にしていきます。

■技術を商品にする事業化へのステージによる理解

技術から商品、事業化までの流れを追ってみましょう。実践MOTでは技術シーズをつくりだす研究ステージ、製品をつくりだす開発ステージ、製品を付加価値のある商品にする商品化ステージ、さらに産業化ステージという4つの時系列的なステージをとると考えます。

研究・開発から事業化に至る3つのステージでのイノベーションを伴うマネジメントを守備範囲としています。この分担のイメージをまとめると、研究から開発のところは、いわゆるR&Dマネジメントとしており、死の谷のあとのダーウィンの海を超えるところは従来の経営学（MBA的手法）の範疇となっています。

■MOTとMBAの守備範囲と大学の講義内容の違い

特に技術シーズの不確定さ、顧客ニーズの不確定さを前提にして、それらを乗り越えるという新事業とかイノベーションという言葉が頻出します。

実践MOTではいわゆるこの研究から商品、事業化までの流

1-4 R&DからMOTへ、MOTからMBAへ

実践MOT、MBA、R&Dマネジメントの分担と内容比較

	R&D（研究開発）	実践MOT（技術経営）	MBA（経営学）
目的とキーワード例	（新しい技術の発明や科学上の発見で世の中に役立つ展開） ・先端技術 ・論文、学会発表 ・特許	（技術をベースにした新商品・新事業の創出・展開） ・イノベーション ・ベンチャー ・産学連携、アライアンス	（事業の拡大、成長の実践と経営管理） ・成長戦略 ・投資効率（ROI） ・競合優位 ・財務戦略
講義科目の例	・各種研究手法（実験計画など） ・研究評価法 ・先端的な技術シミュレーション ・技術評価 ・研究開発予算管理	・イノベーションマネジメント ・知財マネジメント ・ハイテクとローテクのマネジメント ・リスクマネジメント（リスクヘッジ） ・マーケティング（技術・テーマ）	・会計学 ・人事管理 ・統計・分析学 ・経営学 ・マーケティング（セールス） ・経済学（マクロ・ミクロ）
基本的コンセプトの例	・未知への挑戦、論理的実践法 ・シミュレーションなど（インベンション）	・将来の付加価値の創出と不確定性への仮説構築 ・発展へのマネジメント（イノベーション、確率向上）	・現在の付加価値の追求 ・成長への管理手法（効率向上）

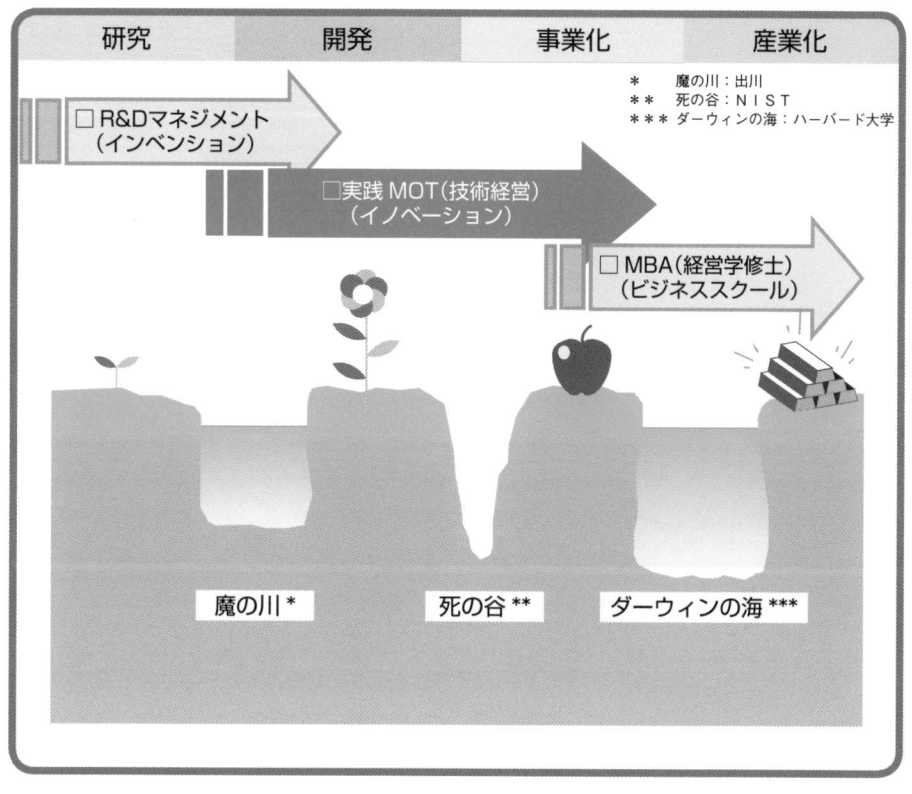

* 魔の川：出川
** 死の谷：NIST
*** ダーウィンの海：ハーバード大学

Chapter 1のまとめと実践ワークシート

成功し顧客価値を得るための実践MOTの基本

まとめ① ものづくりの価値の変化とイノベーション

物作り → **モノ造り(プロセス・イノベーション)** → **もの創り(プロダクト・イノベーション)**

(組合せ型)　　(すり合せ型、付加価値)　　(知恵合せ形、顧客価値)

実践ワークシート① あなたの組織をイメージして価値レベルを明確にする

- 価値モデルはどこか：
- その理由についてまとめると：
- どのように対応したらよいか：

まとめ② 企業規模とパラダイムシフトへの適応状況

大きな組織体(大企業) → **中小の組織体** → **新しく小さい組織体**

(既存ビジネスによる一流企業)　(開発系の中小企業)　(ベンチャー的組織)

実践ワークシート② あなたの企業規模と組織対応状況と課題を明確にする

- 変化の先取りに対応する規模か：
- その理由はなぜか：
- どのように対応したらよいか：

まとめ③ 実践MOTの役割と各種ツールの紹介

インベンション(発明・研究) → **イノベーション(新事業)** → **産業化への流れ**

(独創・組合せ型)　(共創・コミュニケーション/マネジメント)　(組織・規律・管理)

実践ワークシート③ あなたの組織の置かれている状況を明確にする

- コミュニケーションとマネジメントの現状は：
- その理由は何か：
- どのように対応するか：

まとめ④ MOT、MBA、R&Dマネジメントの位置づけと関連性

R&Dマネジメント → **MOT、イノベーションマネジメント** → **MBA(経営学)管理**

(未知への挑戦と論理)　(不確定性の仮説構築マネジメント)　(現在と成長の効率管理)

実践ワークシート④ あなたの組織をイメージして現状と対応を明確にする

- どのような位置付けか：
- その理由は何か：
- 今後の対応はどうするか：

CHAPTER 2

差別力をつける技術シーズの時系列マネジメント

　新技術をいかに効率よく活用し、研究・開発成果を事業化へと導くための考え方を時系列的な変化として4つのステージに分けて示します。研究、開発、事業化、産業化のどこのステージに自分たちがいるかを認識することがマネジメントを成功させる大きなポイントです。
　また先端技術（＝ハイテク）を実用化するには、ローテクとの融合が重要なマネジメントであるということを示しますが、ここでいう「ローテク」とは手作業の職人芸ではなくて、「成熟している既存技術」のことをいいます。

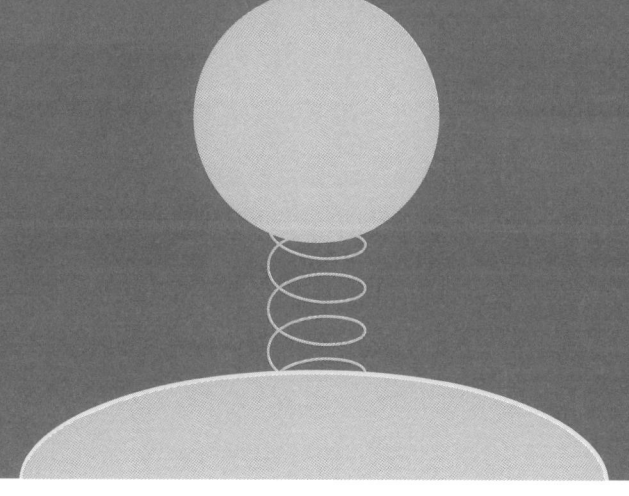

CHAPTER 2 差別力をつける技術シーズの時系列マネジメント

1 研究・開発から事業化への4つのステージと3つの障壁

「研究」「開発」「産業化」「事業化」の4つのステージとは

 実践MOTといってもその内容は広範囲に及びます。その流れの中の変化をとらえるために、4つのステージ（科学を入れると5つのステージ）に時系列的に分類してみます。

 一般に、開発・事業化のステージはあまり可視化されておらず、各ステージでのポイントと企業の中の組織、投資規模のイメージが大きく変化します。研究開発成果を事業化するところの障壁を「死の谷」と呼び、その越え方のマネジメントが実践MOTであるといえます。

 本書ではこの4つのステージの中でも「研究」「開発」「事業化」を主な対象とし、それぞれの間に横たわる「魔の川」と「死の谷」をいかに越えていくかを考えていきます。

 それぞれのステージで、異なった考え方とマネジメントが要求されます。各ステージから、次のステージに進むための具体的な対応が、実践的なMOTそのものであるといってもよいと思います。

研究と開発の間の障壁「魔の川」

 「魔の川」とは、研究と開発の間にある考え方の違いを筆者が最初に使った用語です。

 昔から、研究と開発はR&Dとして一体で扱われていました。これは、技術の目標が明確だった時代では当然で、多くの分野で新しい考え方とマネジメントの違いが明確にしたもので、筆者が『技術経営の考え方』（光文社新書）の中で最初に使った用語です。

 すなわち、「研究」は科学の成果をもとに、発散的にいろいろやってみて新たな技術シーズを見つけていく作業です。一方、「開発」は研究で得られたいろいろなシーズをもとに、1つのターゲット製品へ絞り込んでいく収束型の作業

い技術さえあれば、それだけで製品、商品を生む時代でした。

 もちろん研究も開発も、発見・創意などによって自然法則を用いているという点においては、まったく同類であるといってよいでしょう。しかしその本質的なベクトルは、「研究は発散型、開発は収束型」という具合に大きく異なるのです。

死の谷、ダーウィンの海の内容

 開発と事業化の間の障壁には、ベンチャーのスタートアップモデルということで米国NISTの用語の「死の谷」の名称を用いています。この谷は、米国カリフォルニアに実際にある砂漠名からつけられたものです。

 事業化から産業化への障壁としては「ダーウィンの海」の名称を使いました。この用語はハーバード大学の先生が用いたものですが、ベンチャー企業が大きく成長すると、多くの既存企業との生存競争が起こることを示しています。オーストラリアにある実在の海から名付けられています。

 これらのステージや障壁はあくまで説明用の「概念モデル」であり、「実証型のモデル」ではないということを述べておきます。

2-1 研究・開発から事業化への4つのステージと3つの障壁

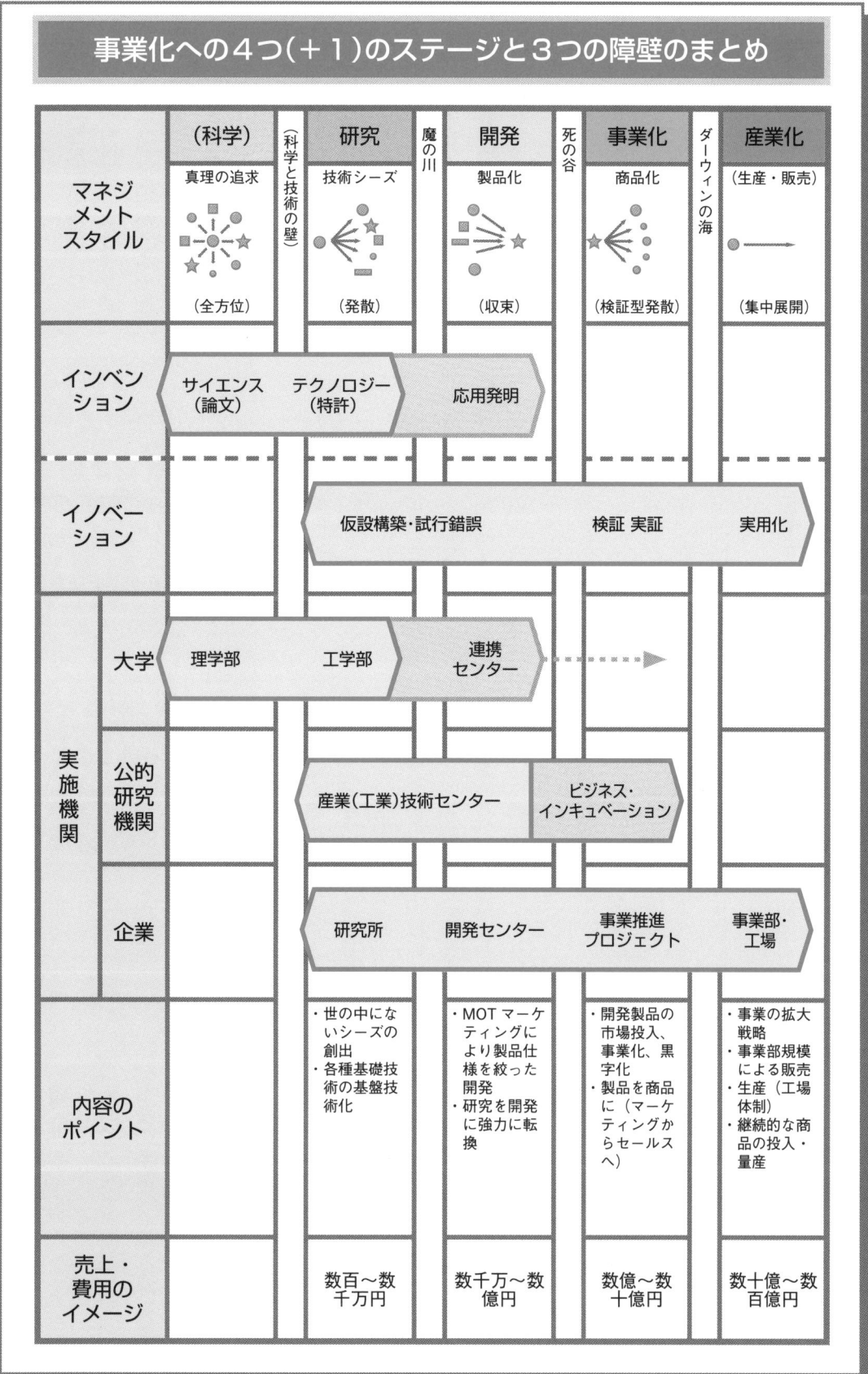

死の谷の意味とその越え方

死の谷の意味と背景

「製品」と「商品」の違いについて明確にしておきましょう。製品はニーズに合った機能を持たせて開発したもので、商品は実際の顧客がお金を出して買ってくれるものです。

研究・開発の成果である製品を商品に至らせる時に横たわる障壁が「死の谷」で、前章に示したようにこの言葉は米国で「ベンチャー企業の助成・補助金」を出しているNIST（米国標準技術局）が、財務省からベンチャー立ち上げ予算を獲得するために作った概念です。

商品化に対応する事業化ステージでは、開発ステージにはなかった顧客対応の「手直しによる最適化」「アフターサービス」などの機能が加わります。もちろんここでは販売というビジネスマターが最重要となるので社内外の原資をうまく使った全方位展開のマネジメントが必要になってきます。

死の谷の詳細と乗り越え方

ベンチャー企業を設立した場合、本格的な事業の発展期までの時間（死の谷に相当する時間）をいかに短くするかが勝負です。これが経営能力そのものになります。

そのため日本でのベンチャーの立ち上げや新規事業のマネジメントについては、より入念な自己資金だけでなく経営マインドと顧客対応の実践が必要です。

死の谷というのは技術や体制などの問題もあります、が、それらを集約するとお金の問題となります。

一般的な傾向として、米国のベンチャーキャピタルや事業会社はアーリーステージに多くの投資をします。日本のベンチャーキャピタルの場合には、リスク検討を充分行なったあとの安全サイドであるレイトステージでの投資になる傾向があり、アーリーステージでの資金入手は難しい傾向もあります。

死の谷の乗り越え方と資金

死の谷の発生原因としては、①新事業の運営に必要な資金量の急増、②売上が予想外に伸びない、③その穴を埋める資金の調達が思うようにできないという3つのポイントが主に挙げられます。

この他には社会風土や構造上の課題としてリスクマネーの絶対量や事業化判断システムの不在、実績のない開発品への政策の不足なども挙げられます。

現実的な死の谷を乗り切る運営方法としては、①経費削減、②資金調達、③売上増大となります。

新事業やベンチャーにとって、死の谷を越える最大のポイントはいかに売上を早く上げるかです。これが遅れれば遅れる程、ベンチャーキャピタルからの資金調達が遅れ、必要経費も増大していくことになります。この時大切なのは、技術的な完成度を完璧に追わないことです。

2-2 死の谷の意味とその越え方

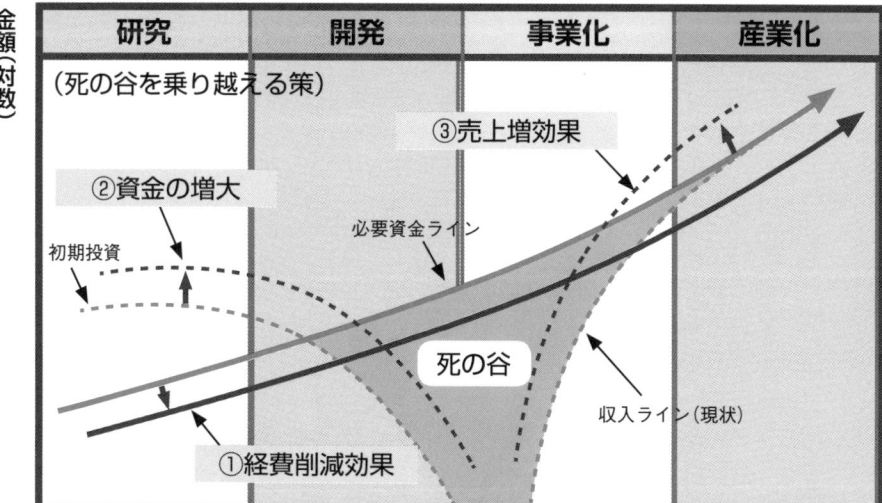

「死の谷」とは必要なお金が足りなくなること

「死の谷」を克服するには3つしかない

①経費削減：無駄な費用を徹底的に圧縮する

②資金獲得：あらゆる手段で必要な資金を集める

③売上増大：できるだけ早く売れるものをつくる

ハイテクとローテクの捉え方

CHAPTER 2 差別力をつける技術シーズの時系列マネジメント

時間的に先をいくのが役立つハイテク技術

科学と技術の違いについて触れておきましょう。ここでは科学は世の中にない自然現象の原理、原則を追求すること。技術とは人類に役立つものを創り、作るためのシーズとしましょう。

ここで取り上げるのはいわゆるハイテク技術ですが、新しい発明技術はすべてビジネス上有用というわけではありません。

大学はハイテク＝先端技術の宝庫です。それは、大学の使命が世の中にない科学技術の新しい原理を発見して世の中に知らしめることであるからです。

実践MOTではイノベーションを扱うわけですから、単なる発明でなく世の中に役立つところまでいくことが大切です。そういう意味で視野にいれるべきハイテク（先端技術）は「顧客の目で見て価値があり、時間的に先をいく技術」、いわゆる先進技術なのです。

もちろん現時点での時間的にかけ離れた技術がいつ役立つかわかりませんが、ここではここで取り上げる役立つ先進技術になるかわかりませんが、ここでは対象外とします。

ハイテクとローテクの実力とは

ハイテクとは先端技術といわれ、脚光を浴びる華やかな技術です。しかし、それだけではいわゆるローテクと呼ばれる既存技術と一緒になってスピードあるビジネス展開が可能となります。

MOTでは「ハイテク」は主役であるともいえます。このことはハイテクをもとに顧客視点での事業化、産業化を考える際、重要なポ

イントとなるので強調しておきます。

ハイテクビジネスの中身とは

実際に先端技術を製品から商品にして世の中にうまく普及させていくには、顧客価値を実現するハイテク技術とローリスクの基盤的な技術をいかにうまく使っていくかが必要になります。

筆者が知っている多くの日米のいわゆるハイテクベンチャー企業での成功例は、表面上はハイテク企業をうたいながら、実はこのようなローテクに基づくハイテク展開を行なっていることにも注目する必要があると思います。

現実的に、ローテク側はいかにハイテク先進技術を取り入れるか、ハイテク側はローテク技術をどのように基盤技術として製品開発にとり入れるかが、顧客ニーズをにらんだハイテクマネジメントとして最大のキーポイントとなります。

術ともいえます。しかし、だからこそ発展の可能性のある前途洋々の技術といってよいと思います。

一方では、ローテクに対しても誤解があります。本書ではローテクとは、技術として成熟している完成度の高い既存の基盤技術のこととしましょう。ローテクとはローレベルではなくて、ローリスク技術と言い換えたほうがよいと思います。

ハイテク、すなわちハイリスクでありハイレベルというよりは、ハイテクとは（だから）ハイリスクでありハイレベルであるといえます。しかし（だから）ハイテクというよりは、ハイテクとは主観的ではあるが未完成なレベルの技

2-3 ハイテクとローテクの捉え方

役立つハイテクとローテクの考え方

技術分野
- ハイテク（先進）技術
  - ○：ビジネス上、時間軸上先を行く先進技術の内容
  - ×：時間的・空間的にかなり離れている先端技術
- ローテク（基盤）技術
  - ○：過去の技術であるがビジネス上の基盤技術
  - ×：過去の技術であり、現在の技術と関係のない技術

ハイテク（新技術）とローテク（既存技術）をどう見るか

ハイテク

・ハイリスクテクノロジー、しかし当てればハイリターン（ハイレベルではない）

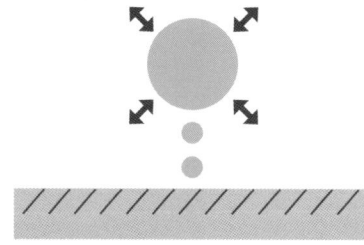

・環境の動きが激しいときでも対応が可能
・完成度よりもスピード
・方向と対応が間違う可能性もあり（技術者にとっては自由度があり面白い。危険は内在）
・ハイテクの中でもビジネスの将来に役立つ先進技術が必要となる

ハイリスク・ハイリターン

ローテク

・ローリスクテクノロジー、しかしこれだけではローリターン（ローレベルではない）

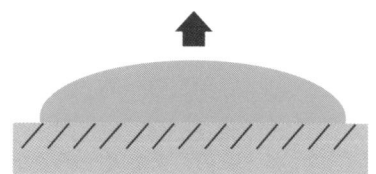

・環境が変化したら対応は遅い
・スピードよりも完成度
・方向と対応は確実（技術者にとっては自由度は少ないが着実）
・ローテクの中でも現在－将来のビジネスに役立つインフラ系の技術が必要となる

ローリスク・ローリターン

CHAPTER 2 差別力をつける技術シーズの時系列マネジメント

4 新技術を使える技術とするマネジメント

ハイテクほどビジネスから遠ざかる理由

素晴らしい技術ほど、時間的には先をいくものが多く、ビジネスから遠ざかってしまうという皮肉な結論が生じます。ここではその項目と対応のポイントをまとめます。

①不確実性の大きさが大きい‥製造時の再現性については条件変化に対する敏感性を確実につかんでいないと、なかなか安定した製品・商品にならないことが多いのです。このためサンプルは出てきますが、商品としては顧客も不安になりなかなか購入してくれないことになります。

②他の技術体系との非整合性が大きい‥技術も確立して、顧客価値もあり、先も見えてきたのに、なかなか売れ行きが広がらないという場合にこのようなケースが多いのです。これは単一の技術でできていない製品などの場合によく見られ

ます。例えば多数の技術の組み合わせでできている電気製品や機械製品のような場合です。

③使用する側のスキルと理解不足あまりに、ハイテクが表面に出ていると、どのように使ったらいいかわかりにくく、いわゆるオタク系のユーザーしか使えないことになり、なかなか売上が上がらないことになります。

ローリスクでハイリターンを得る方法

ローテクはローリスクだがローリターン、一方ではハイテクはハイリスクでハイリターンであると書きました。これは至極当たり前

のことです。では、ローリスクでかつハイリターンの方法はあるのかというのが実践MOTの課題です。

ローテクの基盤技術は忘れず、その上にハイテクの技術をつけてつなげるのです。新しいことの好きな研究者や大企業では、往々にして新しい技術だけで製品を開発したがりますが、これではなかなか完成度は上がりません。外からはハイテクに見えながら、中身はローテクをベースにした堅い技術で補強するという考え方です。

一方では両者を融合させる時には、必ず顧客価値を明確にしながら、技術内容を理解できる人材が何人かは必要になります。実はハイテクといっても、ローテクと技術的なつながりがあり、もともとは古い技術をもとにしているのでやり方によってはうまくつながるのです。

そのためには、インフラ系や機械系の技術進歩の歴史を学ぶのがてっとりばやいやり方です。産業博物館や技術博物館で実物を見ながら、歴史的な技術の発展を知ることはそのままローテクを学ぶことに通じます。

ハイテクとローテクの融合

ハイテクとローテクの融合が新技術の実用化を実現する近道であり、またビジネス上の価値もついてきます。両者の最適な比率はどのようなものでしょうか。筆者の経験では、ハイテク系の新製品といっても、ハイテク技術の割合は20〜30％というのが妥当な範囲のようです。

2-4 新技術を使える技術とするマネジメント

先端技術は先端度が高いほど、ビジネスから遠ざかる傾向

- **新技術の不確定性が大きい**
  - □再現性やプロセスウィンドウが小さい

- **他の技術体系との非整合性が大きい**
  - □他の技術が追いつくまでに時差がある

- **使用する側のスキルと理解不足が大きい**
  - □技術オタクだけではマーケットが小さくビジネスになりにくい

ハイテクとローテクをうまく結合させてオンリーワンを得る

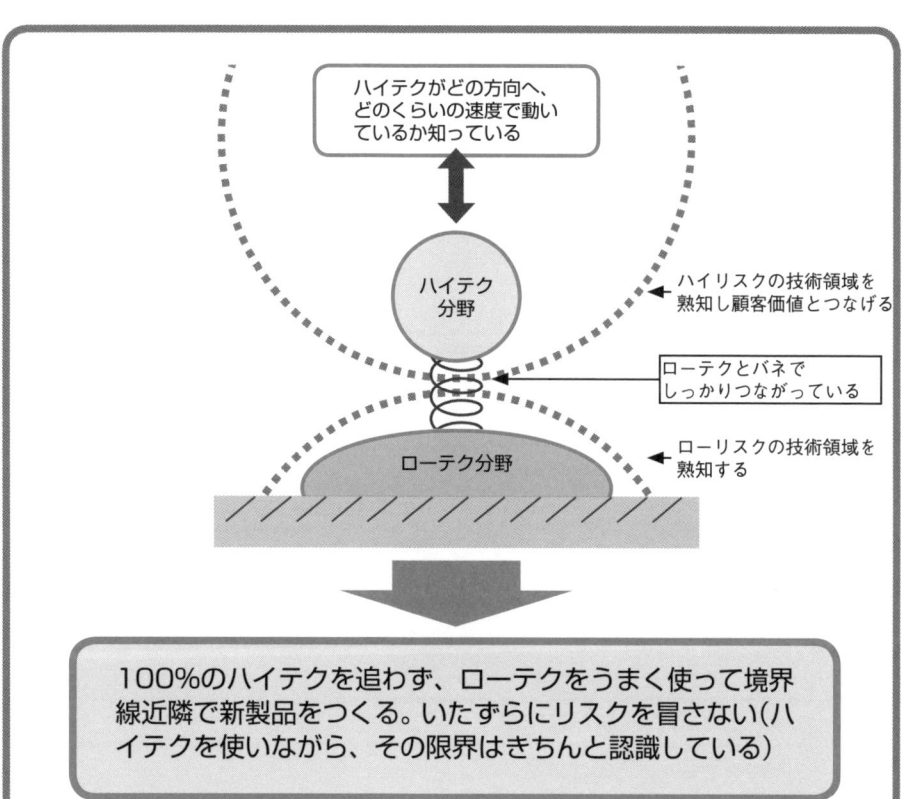

100%のハイテクを追わず、ローテクをうまく使って境界線近隣で新製品をつくる。いたずらにリスクを冒さない（ハイテクを使いながら、その限界はきちんと認識している）

Chapter 2のまとめと実践ワークシート

差別力をつける技術シーズの時系列マネジメント

まとめ①差別化への4つのステージと3つの障壁

研究ステージ → 開発ステージ → 事業化ステージ → 産業化ステージ
　　　　　　（魔の川）　　　　（死の谷）　　　　（ダーウィンの海）

実践ワークシート①直面しているステージと障壁を明確にする
- 現在のステージの障壁は：
- なぜそのステージか理由を明確に：
- その障壁を克服するには：

まとめ②死の谷を克服する基本とマネジメント

死の谷を越えるマネジメント → ①経費削減　②資金獲得　③売上増大
（製品：技術ベース）→（商品：市場ベース）

実践ワークシート②「死の谷」についてシミュレーションをする
- 直面する「死の谷」とは：
- 課題は何か：
- 対応方法は：

まとめ③ハイテク(新技術)とローテク(既存技術)の考え方

ハイテク（先端技術） ⇔ ローテク（基盤技術）
（尖っているが完成度は低い）　（おもしろみはないが完成度は高い）

実践ワークシート③新事業の中の技術要素を検討する
- 技術の内容を分類すると：
- ハイテクの位置付け：
- ローテクの位置付け：

まとめ④ハイテクとローテクをマネジメントする

先端技術とビジネスの結合 ⇔ ハイテクとローテクの結合
（ハイテクの限界）　　　　　（ローテクの活用）

実践ワークシート④ハイテクとローテクをどのように組合せているか
- 現在の技術を統合することは可能か：
- 先端技術の課題：
- 組合せ方針を明確化：

2-4 新技術を使える技術とするマネジメント

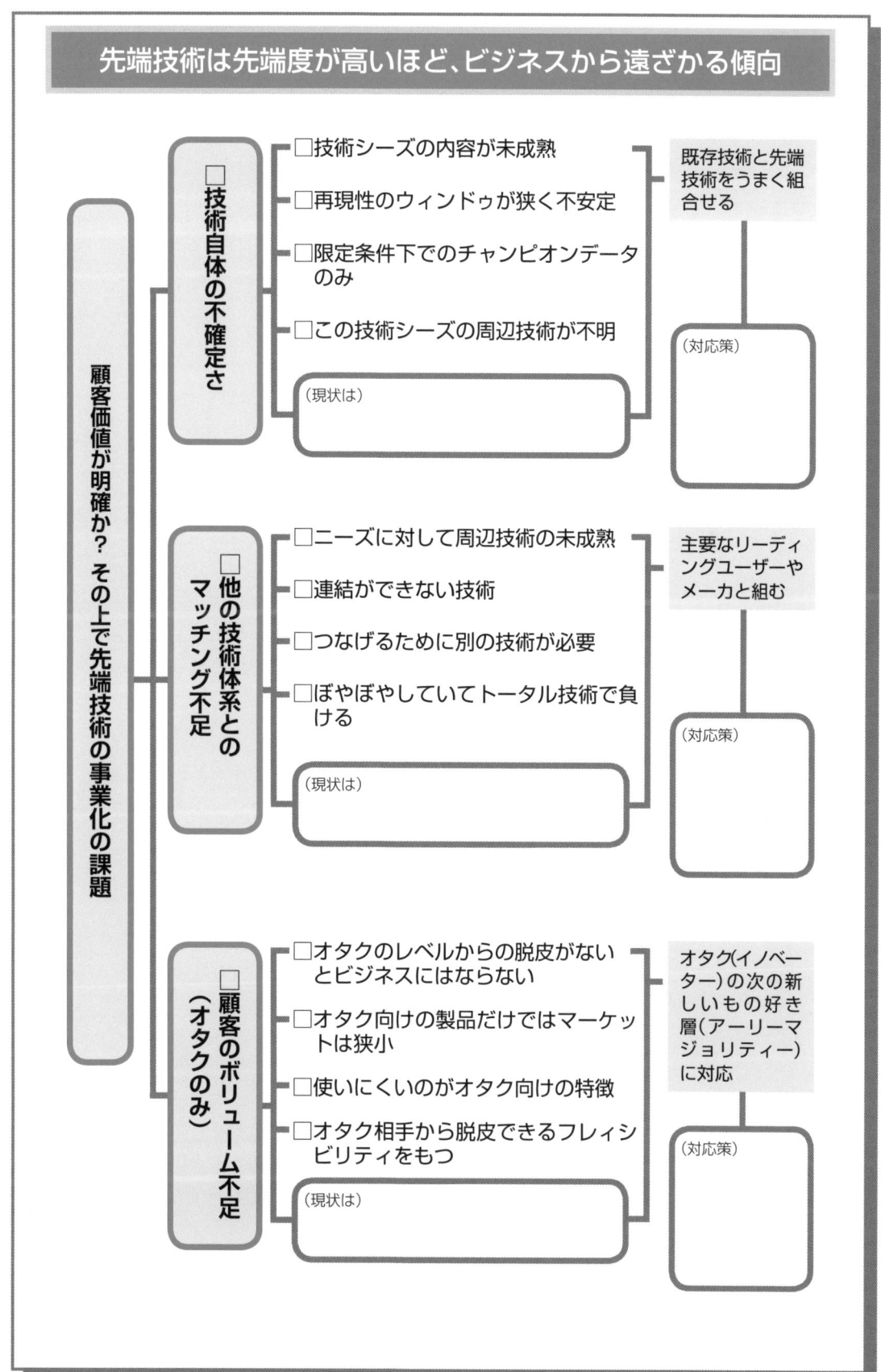

Management of Technology
MEMO

CHAPTER 3
商品開発力を高める MOT マーケティング

　MOTにおけるマーケティングとは、製品や商品をいかに顧客に売るかということではありません。どのような製品を作ったら顧客に売れるかを明確にして技術化仕様に落し込んだり、またできた製品をいかに商品に仕上げるというテーマをリードすることです。

　将来、顧客がお金を出して買ってくれるものには、顧客側に必ず価値＝ベネフィットがあるはずです。そして技術的に可能なことをきちんと分解して新技術と結びつけたり、まだ存在しないマーケットを推定することができないと、仲間を説得して技術を商品化することは出来ません。

CHAPTER 3 商品開発力を高めるMOTマーケティング

1 商品開発のための技術シーズとマーケットニーズの会話

MOTマーケティングとは

ここで述べるMOTマーケティングとは、技術をベースにどのような製品を作ったら商品になっていくかということを操る一連の作業です。すなわち製品コンセプトを明確にして開発テーマを決めていくことでもあります。

顧客価値を認めてもらうには何をいつまでに創るか、ということを追求するのがMOTマーケティングといえます。この考え方が一番必要となってくるのが、実は開発ステージです。事業化ステージでは、すでにその役割を超えて営業活動が主力となっているのが理想的です。

マス・マーケティングとニッチ・マーケティング

開発・事業化の初期のマーケティングはニッチを対象にせざるを得ないので、ニッチ型のマーケティングともいえます。テーマをを決めるテーマ・マーケティング、または技術マーケティングと広い意味では呼べます。

一般の経営学やMBAでは売るためのマーケティング（セールス・マーケティング）として、マス・マーケティングが基軸でした。MOTではテーマ・マーケティングとして、ハイテクがベースのニッチ・マーケティングが基軸となっています。

客はなぜ不確定性・不連続性を持つか

顧客は常に変化し不確定性を持っています。まず、第一がニーズの変化・進化です。環境変化に対応するために、顧客もどんどん変化するのが当たり前です。このため、顧客ニーズは次の瞬間には陳腐化していてもおかしくありません。これが開発にスピードが必要とされる理由です。

二番目の不確定要素は意思決定者の変化です。実際の購入の意思決定を行なうキーパーソンも常に変化します。組織改正や人事異動は日常的に行なわれていて、誰もが正確な予測はできません。

第三の不確定な要素は会社の体質や風土です。長年培われてきたこれらの特性は、それぞれの企業の新製品の購入タイミングや決定に微妙な影響を与えます。

ベネフィットを語るMOTマーケティング

開発・事業化ステージで、MOTマーケティングがなぜ大切かということを顧客側からの視点で考えてみましょう。

企業が提供するのは、機能であり、顧客が求めるのはベネフィットですが、そこをつなぐのがマーケティングと位置づけたほうがよいかもしれません。ベネフィットとは製品のスペック、機能と対比させる言葉になります。

一般に技術者は技術で語りがちですが、顧客にはほとんど理解されません。このため技術を機能にブレークダウンすることが必要で、これが製品仕様になります。

しかし、機能でも顧客には理解されない場合は、新製品として存在しない場合は、そこで大切になるのがベネフィットまで翻訳することです。これでようやく対話が成り立ちます。

34

3-1 商品開発のための技術シーズとマーケットニーズの会話

MOTマーケティングの比較イメージ

役割分担	スコープ	対象マーケット	ポイント	ステージ	ベクトル
(営業)	現在	主流マーケット	追随主流＋品質価格重視	産業化	市場寄り
マーケティング(1)セールス・マーケティング(MBA系)	現在-近未来	主流・準主流マーケット	品質価格重視＋新しいもの好き	事業化	↑ マーケティングの範囲
マーケティング(2)MOTマーケティング(MOT系)	中期-長期	初期・萌芽マーケット	新しいもの好き＋ニッチ	開発・研究	↓
(開発)	中長期	初期・萌芽・潜在マーケット	ニッチ(オタク)(イノベーター)	開発・研究	技術寄り

MOTマーケティングにおける顧客視点：ベネフィット

- ベネフィットを語ることで顧客の求める機能の内容、時期がわかってくる→横展開が可能となる
- 顧客側のうれしさ、得、満足、便利さがベネフィット→これがわからないと下請になる可能性大。
- メーカー側が提供するのは技術・機能にすぎない。これをベネフィットでつなぐのがMOTマーケティング

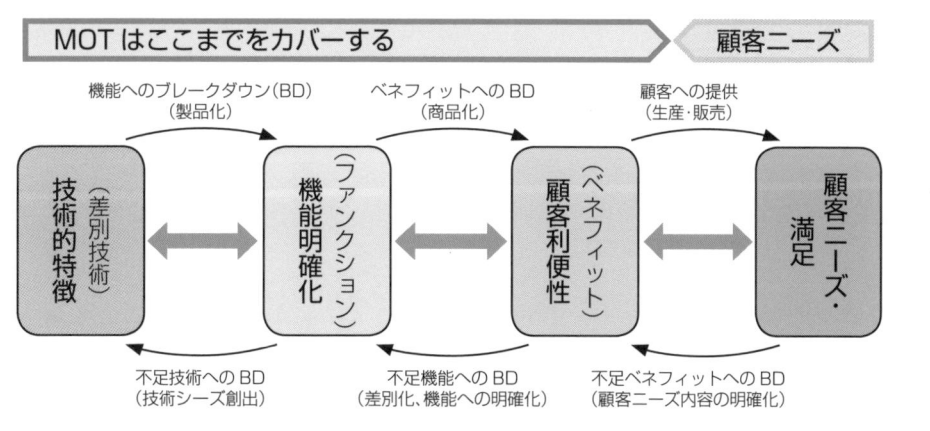

2 成功するハイテク製品とキャズム理論

■顧客と市場の絞り込み

ここでは新しいハイテク製品や商品が出てきた時のMOTマーケットでのターゲットの区分けに関する考え方を紹介します。一般的にマーケットのライフサイクルは統計学的にベルカーブ分布によって示され、商品の各段階ではターゲットとすべき顧客のセグメント化が行なわれます。

まず第1ステップとして顧客の層の細分化とイノベーターへの絞り込みを行ないます。次にそれぞれのセグメントにおいて、競合相手や自社の持っている資源、戦略上の目標などを検討していき、製品のポジショニングをするのが基本です。

要なのが「キャズム」理論です。これは、ハイテクノロジーを使う側の顧客は連続的ではなくて、いろいろな層の顧客の塊が不連続に存在するという考えです。

そこでは、いろいろな層がありますが、特にアーリー・アドプター（ビジョン先行派とされる層）とアーリー・マジョリティー（価格と品質重視派とされる層）の間の溝を越えがたい「キャズム」としています。

■マーケット構造の不連続さの克服

製品開発の立場で顧客セグメントを見ていきましょう。もしマーケットが連続的であれば、マニアを対象に売っていたのと同じものが、時間をかけていけば自然にマーケットに浸透していくはずです。しかし、そうはならないというのがこのキャズム理論から得られる結論となります。

アーリー・アドプターは変革のための手段を求めますが、アーリー・マジョリティーは現行オペレーションの変革ではなく進化を求めます。これらの層の内容と溝

■ハイテクのマーケティング

ハイテク系の製品に関して特に注意したいことは、マーケットは決して連続的に拡がらないということです。このような中で特に重

をMOTマーケティングを考える上で注目すべき層は、時間軸でいうとキャズムに至る前の層として

CHAPTER 3 商品開発力を高めるMOTマーケティング

の、イノベーター（ハイテクオタクとか革新者と呼ばれる層）とアーリー・アドプターです。

このことは、顧客と最初に対話すべき相手層は「イノベーター層」であり、そこで芽が出ないと次のアーリー・アドプター層へ行けないことを意味します。また、それぞれの層での製品仕様は異なってくるので、その変化に対応することも必要になります。

こう考えると、もともとハイテク製品のマーケットは違う顧客層の寄せ集めで、どこを対象に製品仕様を選べばよいのかという問題が生じてきます。よくある間違いは、一番大きなマーケットに行こうということで最初からマジョリティ層に行くことです。

これらの顧客群の相関関係をバランスよく見ながら、開発・事業化のステージに合った仕様の製品にマイナーチェンジしつつ、タイミングをみて本格的に上梓するのがポイントです。

36

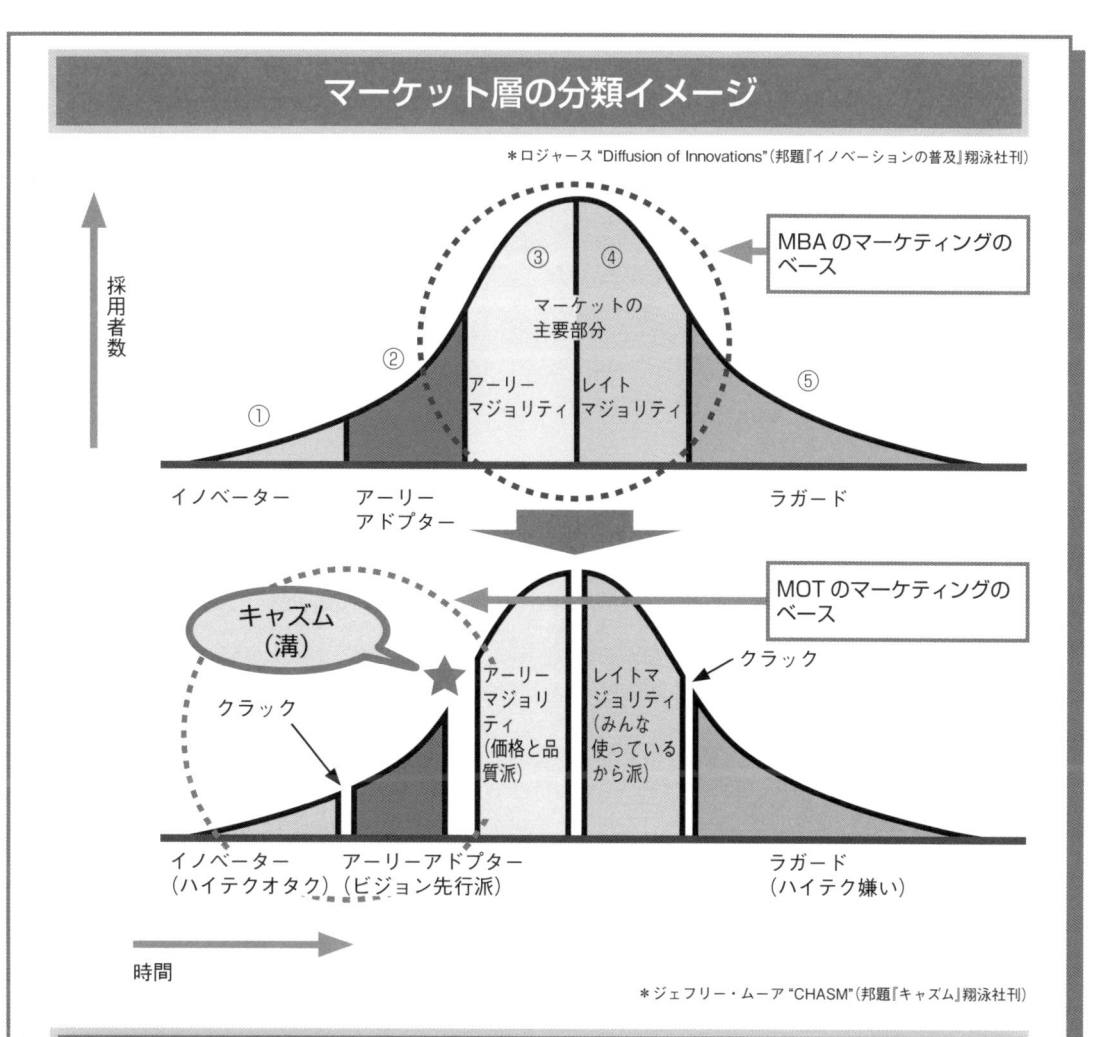

3-2 成功するハイテク製品とキャズム理論

マーケット層の分類イメージ

*ロジャース "Diffusion of Innovations"（邦題『イノベーションの普及』翔泳社刊）

- MBAのマーケティングのベース
- マーケットの主要部分
- ①イノベーター
- ②アーリーアドプター
- ③アーリーマジョリティ
- ④レイトマジョリティ
- ⑤ラガード
- 採用者数

- MOTのマーケティングのベース
- キャズム（溝）
- クラック
- イノベーター（ハイテクオタク）
- アーリーアドプター（ビジョン先行派）
- アーリーマジョリティ（価格と品質派）
- レイトマジョリティ（みんな使っているから派）
- ラガード（ハイテク嫌い）
- 時間

*ジェフリー・ムーア "CHASM"（邦題『キャズム』翔泳社刊）

マーケットのターゲット・セグメントの特徴

*ロジャース、ムーアの上記本から作成

呼称	比率(%)	特徴
①イノベーター（革新者、ハイテクオタク）	2.5	●イノベーター＝ハイテクオタク（革新者）：この層の最大の関心事は新しいテクノロジーです。
②アーリー・アドプター（初期採用者、ビジョン先行）	13.5	●アーリー・アドプター＝ビジョン先行派（初期採用者）：他社に先んじて投資しようとするビジョナリー集団です。
③アーリー・マジョリティー（前期多数採用者、価格と品質 重視派）	34	●アーリー・マジョリティー＝価格と品質重視派（前期多数採用者）：実利主義であり商業ベースの普及の鍵を握るグループといえます。
④レイト・マジョリティー（後期多数採用者、みんなが 使っているから派）	34	●レイト・マジョリティー＝みんなが使っているから派後期多数採用者）：いわゆる保守派といえます。
⑤ラガード（遅滞者、ハイテク嫌い派）	16	●ラガード＝ハイテク嫌い（遅滞者）：ハイテク製品にはもともと見向きもしない層です。

最初はこの層がターゲット

CHAPTER 3 商品開発力を高めるMOTマーケティング

存在しないマーケットのフェルミ推定法による規模推定

見えないマーケットを推定する

新規事業においては、マーケットは存在しない場合が多いのですが、この場合でも将来マーケットの（定量的）推定は必須です。この推定は算定根拠の明確（論理的）な数値が必要となります。特にビジネスプランを提案する場合には、最も重要な基礎数字になります。

まずはマーケット全体の売上予想です。これはあらゆる市場の可能性を推定するのが、市場サイズの最大値を推定するのが手始めです。この方法は少ないデータから仮説構築を論理的に行なうもので、核物理学者のエンリコ・フェルミが得意としていたといわれます。

このような推定法は、米国ではマイクロソフトやコンサル会社の入社問題としても有名ですが、日本では「地頭力」を鍛える方法の1つとして近年有名になりました。

この方法を用いてマーケットのサイズをつかんでいくのを、ここでは基本とします。この推定法では特質上絶対的な正解はなく、あくまで概算を行なうものとなります。

フェルミ推定法の活用による概算の考え方

つかみどころのない物理量を短時間で概算する方法の1つに「フェルミ推定」と呼ぶ方法があります。この方法は少ないデータから仮説構築を論理的に行なうもので、核物理学者のエンリコ・フェルミが得意としていたといわれます。

ここではマーケット・サイジング問題としての分類とビジネスへの基礎数学としての取り組み姿勢をまとめてみましょう。

問題のタイプとして大きく分けると、①個体数（人口など）ベース、②距離・面積・体積ベース、③収入などの測定値ベース、などに分類して考えるとよいと思われますが、皆が納得する共通な数字（一次情報）の存在が基本ベースとなります。

仮説構築はすべてとなります。仮定は明確にして論理はきちんと構成し、また計算式は論理構成を表わすので、記録して必要に応じて示すことが大切です。

マーケットの数字を推定するプロセス例

ましょう。まずは、事業構想している売り物としての商品イメージの確定です。イメージをできるだけたくさん出して、それぞれのマーケットを「単価×個数」でフェルミ推定していくことが基本です。

その後、ライフサイクルを推定し、年度別マーケットに展開したり、シェアを推定して売上予想値を出したり、利益率を見積もって利益数字を出していくといった作業になりますが、これはフェルミ推定というよりも業界や経験値からの類推を基にした計算になります。

一方では、その推定の取り組み姿勢としては、正解は存在しない（特に将来見通しの場合）ので、

3-3 存在しないマーケットのフェルミ推定法による規模推定

見えないマーケットを可視化し推定する

「フェルミ推定法」の基礎と活用

□少ないデータから仮説構築と論理展開で短時間に定量化

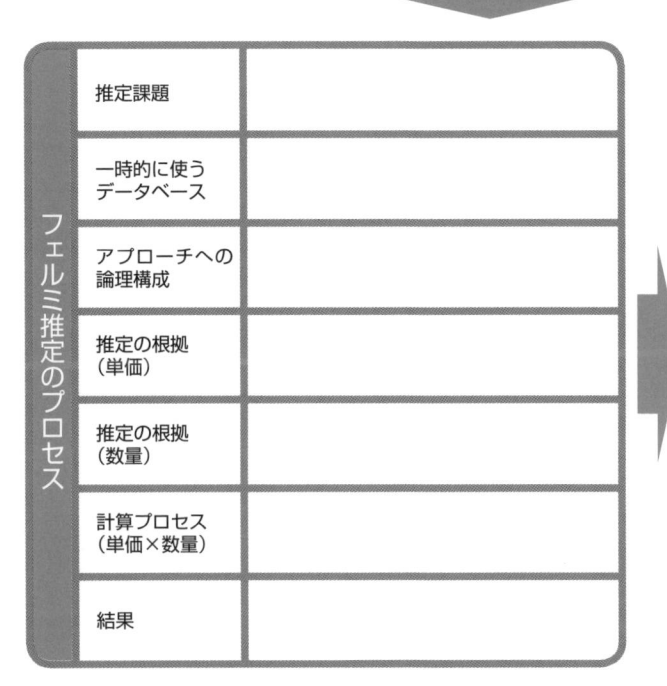

フェルミ推定のプロセス		
	推定課題	
	一時的に使うデータベース	
	アプローチへの論理構成	
	推定の根拠（単価）	
	推定の根拠（数量）	
	計算プロセス（単価×数量）	
	結果	

フェルミ推定のキモ
- 初期に使うデータベースはキチンとしたものを使う（引用できる数字を使用する）
- 推定の根拠を明確にする（論理構成をしっかりする）
- 2桁以上の数値は無意味（計算過程は保管する）
- 結果として、1桁の精度でよい

マーケットサイズ、売上、利益推定へ

①商品イメージの確定→できるだけたくさん（複数）→
　　　マーケット総数の推定（フェルミ推定）
②それぞれのライフサイクルの推定→
　　　年度別マーケットに割り振り
③シェアの算定（強み、競合などから）→売上の算定
④強みのあるものから、利益の算定（5－40％）

儲かるマーケティングは開発力そのものである

事業化への各ステージと顧客セグメントの接点

技術をもとにして新しい製品を開発しても、顧客に買ってもらえなければ価値を生みません。各ステージによる製品開発はどこの顧客セグメント（マーケット）を狙うべきか？　また、研究ステージ段階でのターゲットはどうなのか、事業化ステージでは？　とさまざまなことを検討していく必要があります。

各ステージごとに現実的なMOTマーケティングの動きについて見ていきましょう。

● 研究ステージ：このステージでは技術のブレークスルーの具現化をありがたがるイノベーター（オタク派）を狙いながら、いかに早く次の層（アーリー・アドプター層）を取り込んでいけるかが決め手です。個別対応的なMOTマーケティングの展開を考える、というのがポイントです。

● 開発ステージ：将来につながる製品を開発していくための技術仕様の目標は、あくまでアーリー・アドプター層をMOTマーケティングの対象にするほうがよいです。この層が満足するような製品でないと、次のマジョリティ層には食い込めません。

● 事業化ステージ：ここでは、もはやアーリー・アドプターだけではなく、アーリー・マジョリティをも対象にした商品に仕上げていく準備をする全面的なマーケティングの段階です。

マイナーマーケットからこのマジョリティー・マーケットへとターゲットを移すというキャズム越えができなければ、死の谷を越えることもできません。技術的にも、その特徴と差別性は残しながら、コストダウンや品質の維持など多数の顧客に受け入れられる工夫が必要になります。

● 産業化ステージ：このステージでは、「いかに大衆に受け入れられるか」といった、マーケティングというよりも営業の世界です。工場において、均一で高品質な商品をいかに安く作って大量に売っていくかがポイントとなります。

顧客の不確定性への対応はイノベーターから

開発や事業化ステージはすでに述べたように、不連続・不確定な要素が強いのです。開発ステージでは製品仕様を通じて顧客と、事業化ステージでは直接的に顧客を商品にする過程で確実性を増します。

従来のプロセス・イノベーションのパラダイム下では、完成した製品を作った後で営業や商社にお願いして売るためのマーケティングをかけ、顧客を見つければよかった時代がありました。

現在のプロダクト・イノベーションでは、理想的には開発ステージに入る前にMOTマーケティングを設定し、事業化ステージで行なうのはターゲットの微調整と考えたほうがよいでしょう。

MOTマーケティングとは言葉をかえると、「顧客の不確実性・不連続性を乗り越えて、製品・商品側の絞り込みを『イノベーター』に絞って早く対応するという開発そのもの」ともいえます。

40

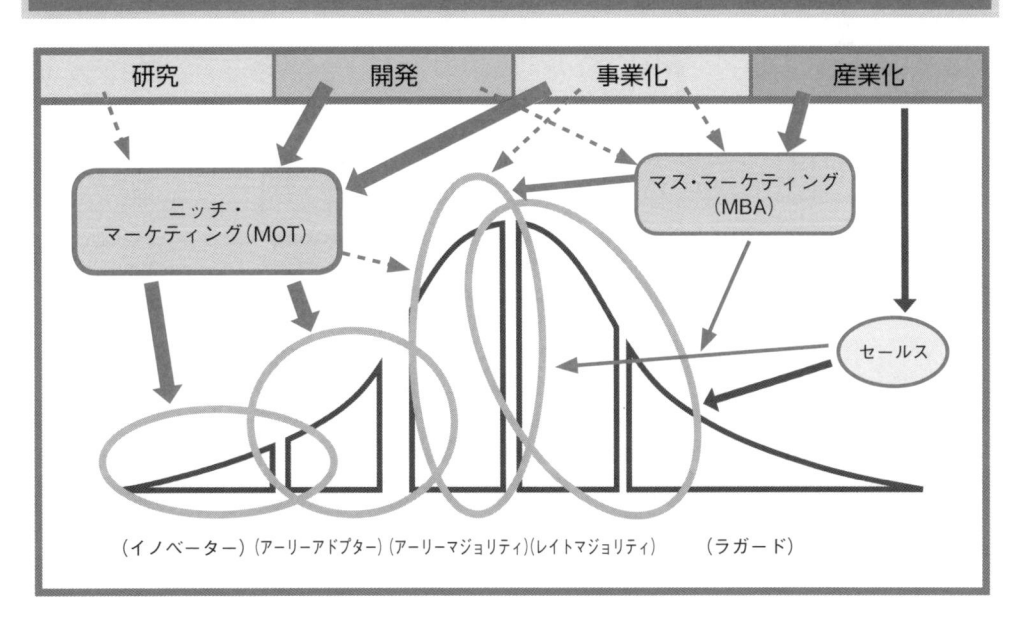

3-4 儲かるマーケティングは開発力そのものである

どの段階でどのようなマーケット対応が必要か

	研究	開発	事業化	産業化
全体イメージ	・技術資産 ・研究成果 ・技術シーズ 技術（市場トレンドとのマッチング） イノベーターを探すマーケティング（MOT） Pre-Marketing ニッチ顧客の意見を主体にする （準備） ・製品ターゲットの仮決定	製品 （仕様決定のマーケティング） Marketing （本番） ・開発と一体化 ・製品ターゲットの決定	商品 （顧客確定のマーケティング） セールス・マーケティング After-Marketing （確認）セールス ・「製品」の販売→商品化する戦略	・高収益品 ・量産品 （売上・利益確定のマーケティング） 主力顧客の意見を主体にケアする ・「商品」の販売→大量に売る（売上を上げる戦略） ・利益を増大させる戦略
技術対応	技術シーズ・コア技術確立	新技術・他技術との組み合せ	安全性・生産性コスト関連技術	コストダウン信頼性関連技術
マーケット対応	おおまかな方向性（トレンド）と流れの把握	具体的な技術仕様の明確化・マーケット規模推定	顧客のベネフィットとの最終マッチング、価格決定	販売（営業による拡販）

各ステージでのマーケティング層と手法は変化する

研究　開発　事業化　産業化

ニッチ・マーケティング（MOT）
マス・マーケティング（MBA）
セールス

（イノベーター）（アーリーアドプター）（アーリーマジョリティ）（レイトマジョリティ）（ラガード）

Chapter 3のまとめと実践ワークシート

商品開発力を高めるマーケティング

まとめ①技術シーズとマーケットニーズの対話はベネフィットから

MOTのマーケティング(技術(テーマ)・マーケティング)	⇔	MBAのマーケティング(セールス・マーケティング)
(ニッチ・マーケティング)		(マス・マーケティング)

実践ワークシート①技術者のマーケティング（MOT）に対して明確にする

- なぜMOTのマーケティングが必要か：
- 現在の所属組織のマーケティングは：
- 顧客にベネフィットを語る準備はあるか：

まとめ②成功するハイテク商品のマーケット・セグメンテーション

イノベーター、アーリー・アドプター	⇔ キャズム	アーリー・マジョリティ、レイト・マジョリティ
(技術(テーマ)・マーケティング)		(セールス・マーケティング)

実践ワークシート②自分の会社の新事業のターゲットはどこのセグメントですか

- 現状のターゲットは：
- その理由（マーケット層）は：
- 今後の対応方向は：

まとめ③まだ存在しないマーケットを推定するにはフェルミ推定の活用

製品・商品のコンセプトの仮説構築 → フェルミ推定の方法論 ← マーケット構築の仮説構築

実践ワークシート③フェルミ推定によってマーケットの定量化

- まずなにが必要か：
- 製品イメージの顧客仮説は：
- 論理的な計算の実施は：

まとめ④儲かる開発のためには先行マーケティングの徹底を

研究・開発ステージ	⇔	事業化・産業化ステージ
(MOT(テーマ)・マーケティング)		(セールス・マーケティング)

実践ワークシート④

- 研究ステージでのマーケティングとは：
- 開発ステージでのマーケティングとは：
- 事業化ステージでのマーケティングとは：

CHAPTER 4
機能するベンチャー組織と企業

　実践MOTとイノベーションのキーワードの1つが「ベンチャー」という用語です。企業や組織のサイズが小さいだけでは、ベンチャーの必要十分条件ではありません。ここではその意味と実際について述べます。
　大企業でも「新しい事業領域への展開」を自社内だけで行うのはかなり難しくなってきています。ここでは、イノベーションは各種の組織体との協力が不可欠であるとの観点から、開発に特化した日米の「独立ベンチャー」の紹介と社内ベンチャー等の共通点についても言及します。

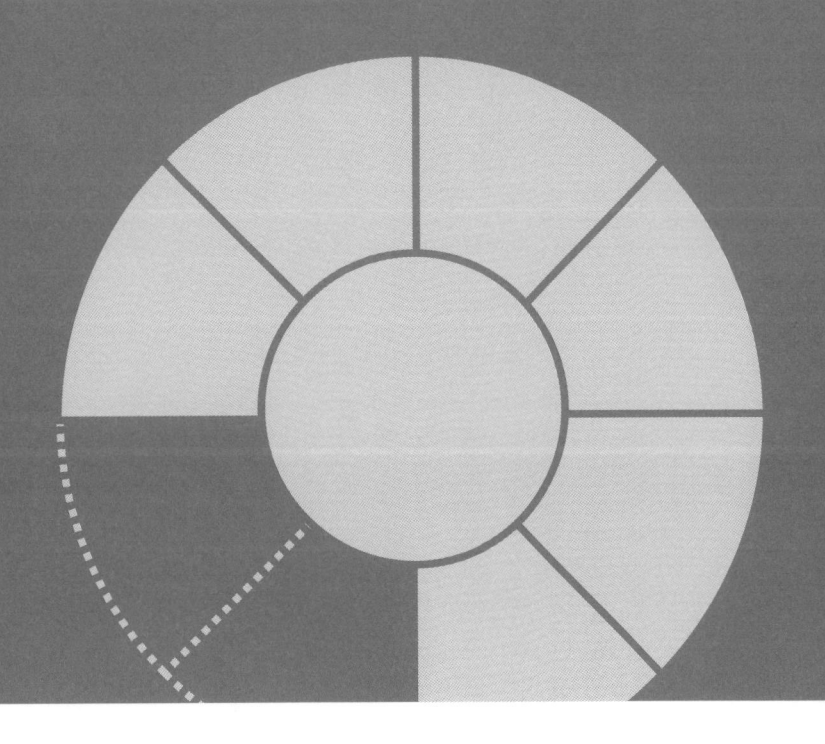

CHAPTER 4 機能するベンチャー組織と企業

1 ベンチャー的組織の本質

■ベンチャーとは・その意味

企業体制には大企業・中堅企業・小規模事業者など中小企業、さまざまな分類がありますが、ベンチャー企業や組織の位置づけは大切です。特に、中小・零細企業とベンチャー企業では、似た点と異なるポイントがあります。

ベンチャー的な製造業が持つ特徴としては、企業のスタートアップ時の大切な志とイノベーションの継続が大切なポイントです。

一般的なベンチャー体制においては、アーリーステージでは開発型ベンチャー、IPO（*）型ベンチャー、大学発ベンチャーなどの企業体となります。

大きな企業内でのコーポレートベンチャーでも独立ベンチャーでも、マネジメント内容は同様なので、ポイントを明確化しておきたいと思います。

■ベンチャー企業のスタートアップ

ベンチャー企業を設立したあと、いくら事前に充分準備していたとしても、本格的に立ち上がるまでにはかなりの費用と時間がかかります。

本格的な事業の発展期までの時間をいかに短くするかが勝負です。これを短縮することで実際の費用を節約しながら、顧客への売上を上げていかなければ資金はすぐに底をついてしまいます。

この時間を短くし、売上を継続することで、IPO型ベンチャー企業ならば、ベンチャーキャピタル等からの資金調達も容易となり死の谷を抜け出すのも早くなります。

もちろん開発連携型ベンチャーでもこの点は一緒で、なるべく早く開発期の成果を大企業からの受託型の注文として形にすることで売上と利益を出します。

■日本のベンチャーをとりまく環境条件

日米の比較をすると、一見同じような創業プロセスを経ても、立ち上がりのマネジメントの仕方は大きく異なる場合が多いのです。

一般的な傾向として、米国のベンチャーキャピタル（VC）や事業系の大企業は研究ステージの初期のようなアーリーステージにも、ビジネスプランがちゃんとできていれば多くの投資をします。

日本の場合は、かつては大学発ベンチャーなどでアーリーステージへの投資失敗などの時代がありました。今では、リスク検討を充分すぎるぐらいに行なったあとの安全サイドでの投資になる傾向があります。

日本でのベンチャーの立ち上げについては、より入念な自己資金などの準備が必要です。ビジネスプランによって基軸を明確にした上で、顧客の環境変化に対応したフレキシブルなマネジメントがベースです。

全体の資金と事業化の流れの様子をイメージすることも大切です。開発期をうまく過ごして事業化期になれば、累積収益は赤字でも採算向上による単年度黒字化の芽が見えてきます。

（IPO：Initial Public Offering、株式の公開を目指す）

4-1 ベンチャー的組織の本質

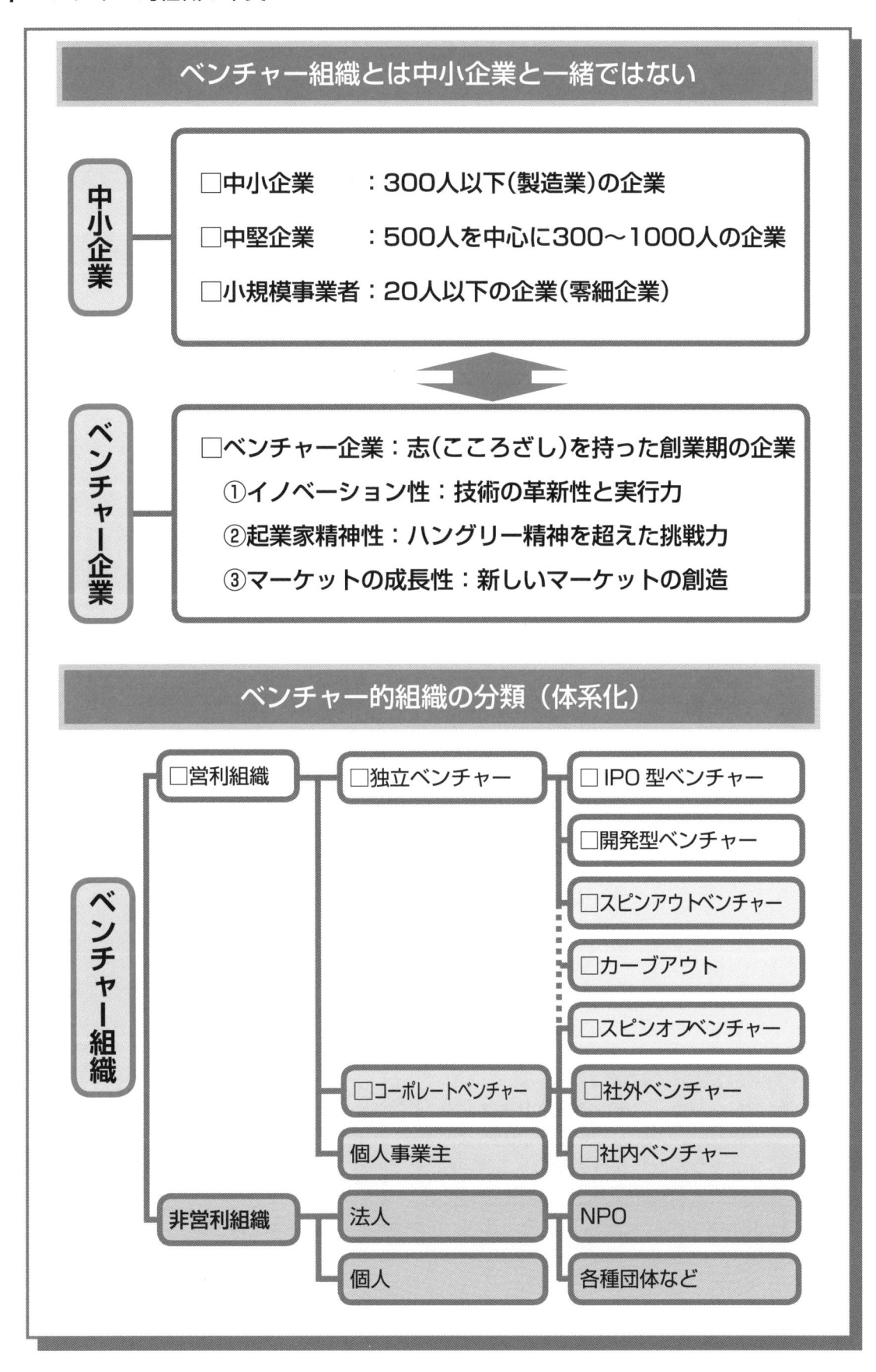

ベンチャー組織とは中小企業と一緒ではない

中小企業
- □中小企業　　：300人以下（製造業）の企業
- □中堅企業　　：500人を中心に300〜1000人の企業
- □小規模事業者：20人以下の企業（零細企業）

⇕

ベンチャー企業
- □ベンチャー企業：志（こころざし）を持った創業期の企業
  - ①イノベーション性：技術の革新性と実行力
  - ②起業家精神性：ハングリー精神を超えた挑戦力
  - ③マーケットの成長性：新しいマーケットの創造

ベンチャー的組織の分類（体系化）

ベンチャー組織
- □営利組織
  - □独立ベンチャー
    - □IPO型ベンチャー
    - □開発型ベンチャー
    - □スピンアウトベンチャー
    - □カーブアウト
    - □スピンオフベンチャー
  - □コーポレートベンチャー
    - □社外ベンチャー
    - □社内ベンチャー
  - 個人事業主
- 非営利組織
  - 法人 — NPO
  - 個人 — 各種団体など

開発連携型ベンチャー企業

■ベンチャー企業の位置づけ

独立のベンチャー企業としては、株式の市場公開（IPO）を目指すのが一般的です。成功した時の創業者利益は大きいのですが、運営についてはリスクも大きく、米国でも必ずしもそのような華々しいベンチャー企業ばかりではありません。

特にハード系の先端技術を主体とする場合は、単一の革新技術だけでは短時間に大きく成長するベンチャーにはなりにくいので、IPO型はとりにくいところがあります。多大な設備投資や多岐にわたる複雑なシステムインテグレーションが必要になるからです。

このため、大企業の事業開発部門と連携した「開発型のベンチャー企業」は、従来型大企業と補完関係をもつことを主なベースにしたビジネスチャンスとして展開することになります。

■開発型ベンチャーとコーポレート型ベンチャーの違い

独立型ベンチャー企業ではあるものの、開発（連携）型ベンチャー企業は大企業と連携して研究・開発部分を分担する場合とニッチ市場での常に新しい開発を行なって高収益を得る場合があります。

大企業は開発も事業化も、両方ともできる能力を持っているわけで、往々にして両方ともやりたがるものです。そこでコーポレートベンチャーでは、企業内起業としてそこをメリットとして活かしながら展開することが必要です。

このため、共同開発や受託開発を行なう時は、開発ベンチャー企業の間の明確な役割分担が必要となります。

いずれにしてもIPO型のベンチャー企業とはその事業規模の目標、業態、キャピタルゲイン、人員等において大きな違いがあります。

■開発型ベンチャーは売上よりも利益

具体的には開発（連携）型ベンチャー企業は「大企業の委託元と競合する量産「大企業のやらない」ことを宣言するのが重要なのです。

開発型または連携型ともいえるベンチャー企業が、単なるベンチャー企業と違うところはここにあります。これによって、大きな企業は安心して開発部分をベンチャー企業に発注することができるわけです。

開発型ベンチャー企業のビジネスモデルは、用途を限定した大企業向け提案の試作開発とコア技術のライセンスのセットがポイントとなり、契約の前の充分な将来ビジョンの検討とロードマップ作成が必要となります。

この結果、売上の拡大を期待するよりも、高収益を目指すのが戦略であり、実現も可能となります。

開発型ベンチャー企業が成功す

4-2 開発連携型ベンチャー企業

開発連携型、IPO型、コーポレート型ベンチャー企業の比較

	形態	規模の目標	ビジネス内容	会社の規模
開発連携型ベンチャー	大企業と連携して開発ステージを提案・受託	規模は追わない（高収益志向）	研究開発（自主、受託開発志向）	社の規模イメージ：5-30人
IPO型ベンチャー企業	資金を集めて自社で展開 創業者利益を目指して独自の展開	高成長、規模拡大志向（売上、収益増大により、企業価値増大が目標）	自社シーズで製品開発、販売（市場独占を狙う）	会社の規模イメージ：どんどん大きくなる-200人程度まで拡大を目指す例が多い
コーポレート型ベンチャー（企業内ベンチャー企業）	企業の事業革新大方針に基づいて資金（予算）を得る 新事業創出が目的	最終的に企業内での事業部規模も売上が目標	社内の技術シーズをベースにビジネス展開する例が多い	業態によってさまざまであるが、当初は10-20人程度のプロジェクト型が多い

開発連携型ベンチャー企業のビジネスモデル

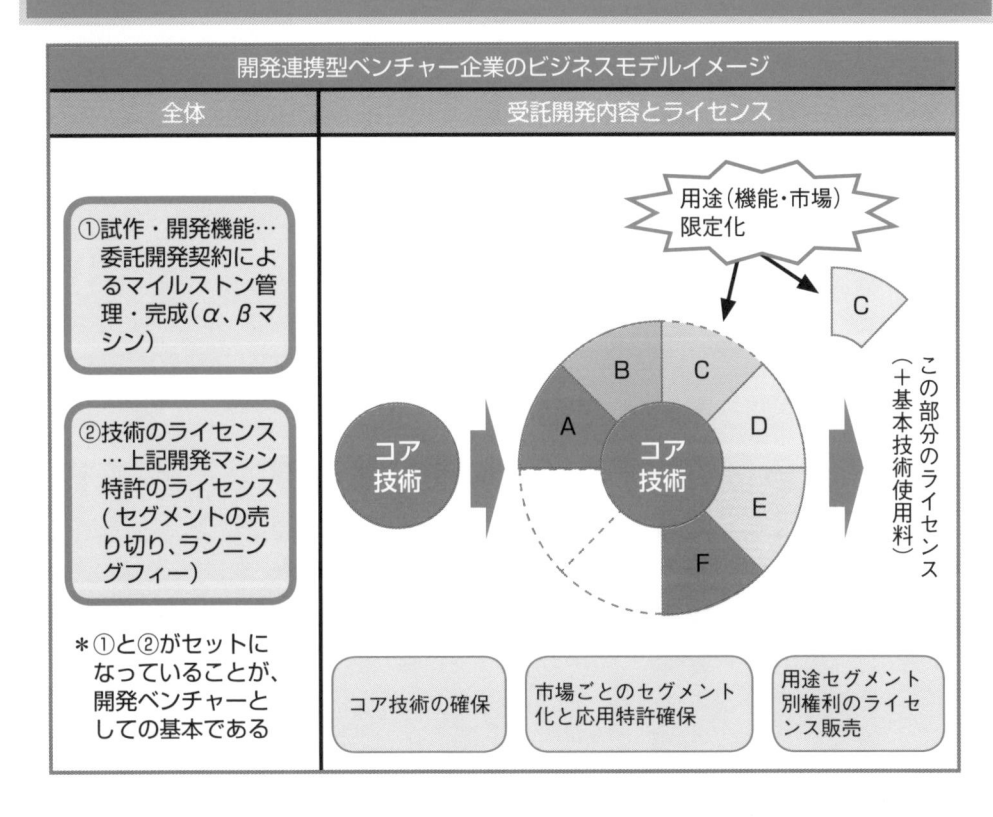

開発連携型ベンチャー企業のビジネスモデルイメージ

全体

①試作・開発機能…委託開発契約によるマイルストン管理・完成（α、βマシン）

②技術のライセンス…上記開発マシン特許のライセンス（セグメントの売り切り、ランニングフィー）

＊①と②がセットになっていることが、開発ベンチャーとしての基本である

受託開発内容とライセンス

用途（機能・市場）限定化

コア技術 → コア技術（A, B, C, D, E, F） → この部分のライセンス（＋基本技術使用料）

- コア技術の確保
- 市場ごとのセグメント化と応用特許確保
- 用途セグメント別権利のライセンス販売

CHAPTER 4 機能するベンチャー組織と企業

3 大学発ベンチャー企業

日本の大学発ベンチャーの共通の課題

大学発のベンチャーの大量設立構想からすでに10年以上の年数が経ち、その総設立件数は2000社弱ともいわれています。ここではその特有の課題について検討してみましょう。

共通していえることは、ベンチャー支援の各種制度の活用により、起業時の立ち上げメリットを受けていることです。すなわち、①早期でスムーズなベンチャーの設立と各種バックアップ、②大学の技術のスムーズな移転と各種補助金の活用、③インキュベーション施設の活用など、政府や自治体の支援メニューが多いことなります。

しかしながら多くのベンチャーは、創業から4～5年の時点で資金やマネジメント不足による死の谷に直面している場合が多いのです。この原因は単純に資金獲得ができていないというよりも、ベンチャー企業内部の経営的課題が大きいという状況です。

ベンチャー企業の成功へのチェックポイント

大学発ベンチャー企業の立ち上げについては、MIT発ベンチャー企業を例にしたシェーンの分析結果が参考になると思います。その内容に、現在の日本の大学発ベンチャー企業が死の谷に直面している状況をベースに、いくつかの項目を追加してチェックポイント（リスト）にしてみました。

このポイントは死の谷を超えるためのチェックリストやヒントとで行ないます。しかし一般には経営はチームで行ないます。ベンチャー企業においては最低限必要な3つの経営的要素があり、通常はその役割分担で行ないます。

意思決定の効率からいくと一人で決めるほうが、大人数で決めるよりはるかにスピードは上がります。しかし一般には経営はチームで行ないます。ベンチャー企業においては最低限必要な3つの経営的要素があり、通常はその役割分担

意識と変更、マーケティングの強化による顧客重視、知財マネジメント、リソースを補完するアライアンスとなります。まさに技術とイノベーションはマネジメントされなければいけないのです。

ベンチャー企業に必要な経営的要素とその役割

多くの大学発ベンチャー企業の場合、技術志向でスタートすることが多く、特にマーケット側のニーズ把握能力と財務上のマネジメントが弱く、企業として致命的になりやすいのです。

経営を何人かで行なうということは、企業の環境条件や未来ビジョンを同一のレベルで理解することが必要になります。それぞれの専門知識は別にして、経営陣は全体概要と対象マーケットと資金状況を明確に把握しマネジメントとして対処する基礎知識と能力がまず要求されます。

を数名で行ないます。

CEO（Chief Executive Officer）は経営のトップであり、最終意思決定者、経営責任者です。CTO（Chief Technology Officer）は技術の最高責任者です。CFO（Chief Finance Officer）は財務の最高責任者です。

48

4-3 大学発ベンチャー企業

大学発ベンチャー企業のチェックポイント(米国＋日本)

*S.シェーン著「大学発ベンチャー、新事業創出と発展プロセス」(中央経済社刊)をベースに出川が追加した

		チェックポイント	事例記入	判定
*人材	常勤起業家	□社長と主要メンバーは専任か？		
	発明者コミット	□発明者が専任でない場合のコミットと信頼関係は十分か？		
	マネジメントチーム	□CEO／CTO／CFO他のマネジメントチームが機能しているか？		
*技術	コア技術	□差別化されたコア技術は明確か？		
	製品開発技術	□製品化、生産技術の知識はあるか？		
	プラットフォーム技術	□いわゆる基盤技術(ローテク)は確保されているか？		
その他MOT項目	知財の確保と集約	□知的財産が一元管理されているか？		
	ビジネスプランの存在	□明確で更新されたビジネスプランが共有化されているか？		
	市場に関する知識	□狙う市場を理解しセグメント化されているか？		
	アライアンスの有無	□各ステージでのアライアンスと将来目的は明確か？		

大学発ベンチャーの企業・展開に関する実践MOTのポイント

- **素晴らしい技術(先端性、汎用性)があるから、ベンチャーを起業し、支援も多く、すぐ商売になると考えるが…**

技術
- □先端技術だけではビジネスになりにくく、10～15年という時間がかかる
- □汎用性のある技術はしっかりしたマーケティングがないと焦点を絞りにくい

資金とアライアンス
- □起業時には助成制度が充実しているが、事業化にはまだ資金が必要
- □ビジネスには既存技術とのアライアンスをとり、実績、信頼性なども必要

マネジメント
- □開発(製品化)から事業化(商品化)の間では、片手間では経営は難しい
- □「死の谷」を越えるには、起業時とは異なった意識とマネジメントが必要

CHAPTER 4 機能するベンチャー組織と企業

大企業の中のベンチャー組織（コーポレートベンチャー）

■ コーポレートベンチャーの分類

コーポレートベンチャーは、会社主導の組織体として、人・モノ・金のすべてが会社の経営下におかれますが、一般には運営上以下の2つに分類できます。

①社外ベンチャー：社外に位置する独立企業体ですが、資本金は通常一〇〇％親会社が持ち、あくまでも親企業によって主導されていることが特徴です。

②社内ベンチャー：社内組織として位置づけられますが、既存の組織の持つ方法論によって異なった運営組織体（社内資本金、新規事業プロジェクト）になります。

■ 既存事業と新規事業のベクトルとマネジメントは違う

既存のビジネスが主体の企業の仕組みと、新しい開発と事業の立ち上げのプロセスはベクトルが逆行するところが多くあります。

なぜなら、これまでの経営者の発想が、「既存（主力）事業での経験の積み重ねを重視する」「リスクを冒さない」ことに重点を置いているためです。

コーポレートベンチャーは社内であろうが社外であろうが、母体企業の発想の枠から抜け出ることが大切です。しかしあくまで企業の枠の中での起業であり、企業内というメリットとデメリットを充分理解した上で利用することがポイントです。

研究開発から事業化へのリスクについて考えてみましょう。企業の中で行なうコーポレートベンチャーの場合、研究開発や遂行上のスピードと売上高という2点のポイントについて最大限考慮しておくことが重要です。

特に新規事業開始の時よりも継続的に大きなリスクを伴う決断が、通常の大企業組織の中ではできにくいのです。たとえば追加投資の決断は迅速に行なう必要があります。よくあるのは、投資決断の迷いと大幅な遅れで勝負が終わってしまう「社内の壁」です。

一方、マーケットにおいては、かなりの売上を新規参入企業が上げてきているというのは、先住している既存会社にとっては大きな脅威です。これまで、お手並み拝見とばかりに傍観していた競合各社が必死に対抗策を講じ始めるが、このレベルです。これが「社外の壁」です。

このような内外の壁があります。

■ コーポレートベンチャーの成功ポイント

コーポレートベンチャーといえども、一番の問題点は人材ということになります。コーポレートベンチャーでも、独立ベンチャーと同様かそれ以上のマネジメント能力が必要とされます。

および結果に対する個人的なリスクがかなり低いことは大切なポイントです。成果がある程度見えていればマネジメントのリスクも小さく、担当者のリスクはさらに小さいのです。

技術者にとっては思い切った新事業開発への展開をやらなければ、大企業に在籍して研究開発をする意味はない、と言うこともできます。

コーポレートベンチャーといえどもベンチャー組織であるということは、特に新規事業におけるス

4-4 大企業の中のベンチャー組織（コーポレートベンチャー）

コーポレートベンチャーにおけるベンチャー体制とは

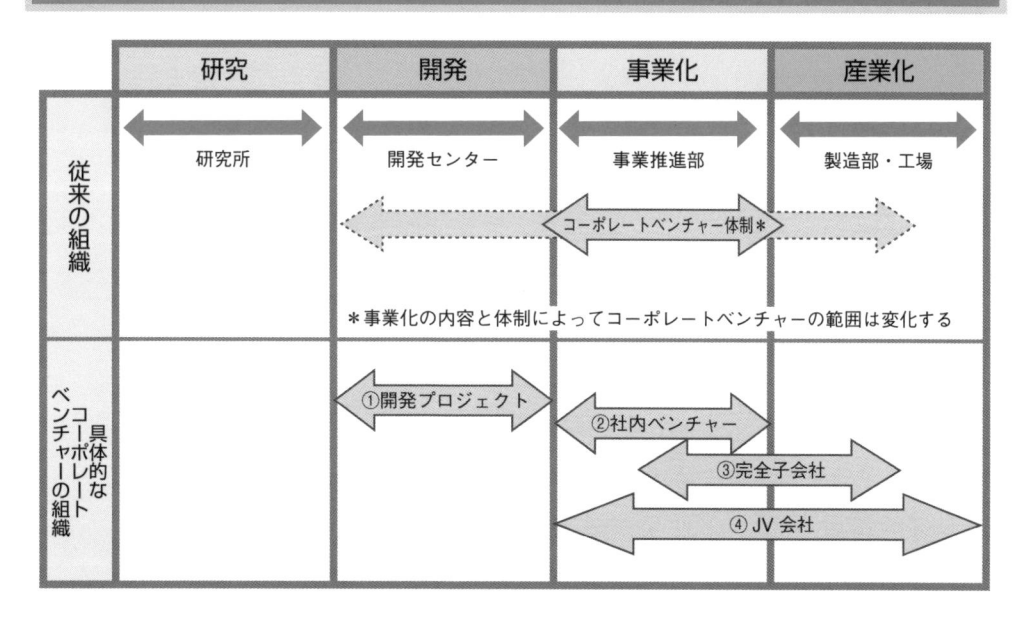

	研究	開発	事業化	産業化
従来の組織	←研究所→	←開発センター→	←事業推進部→	←製造部・工場→
		←----コーポレートベンチャー体制*----→		

*事業化の内容と体制によってコーポレートベンチャーの範囲は変化する

コーポレートベンチャーの具体的な組織		←①開発プロジェクト→	←②社内ベンチャー→	
			←③完全子会社→	
			←④JV会社→	

関連組織	段階	起業家の個人のリスク	人材確保	設備確保	資金確保
①開発プロジェクト	研究・開発段階	部署の移動リスク（リーダー力量依存）	比較的選択の余地あり	新規中規模設備	通常の数倍、期間限定
②社内ベンチャー		評価リスク（事業実績と見通し）	コア人材確保の自由度は最大化	投資規模は実行責任者の覚悟で決まる	最大規模可能
③分社化A 完全子会社	事業化／産業化段階	リスクは大きいが最終的に帰れる場所あり	社内ベンチャーより獲得の可能性は減る	同上、ただし償却見通しになる	立ち上がり返却見込みで自由
④分社化B JV会社		リスク大で帰れる場所はない可能性大	コア人材は確保できる	借入基本な償却見通し内で可能	返還見込みを明確化

（企業時の人物金の確保）

- 近年、米国でもコーポレートベンチャーは見直され、注目を集めている

日本のベンチャー：死の谷の発生要因と対応

要因（課題）	要因例	対策例
人材 ・起業家精神不足 ・マネジメント不足（内部での意思不統一）	補助・委託金対応慣れ 経営マネジメント基礎能力不足 コミュニケーション不足	・的確な人員配置 ・ビジネスビジョン明確化 ・ビジネスプラン作成
技術 ・技術シーズの不確定さ ・製品がなかなかできない（性能が仕様通りにでない）	技術シーズが未成熟 技術が周囲とつながっていない マーケットニーズとのミスマッチ	・ハイテク部分の低減 ・できるだけ既存技術で補強 ・開発者によるマーケティング
金（資金） ・売上があがらない（サンプル以上に売れない、マーケットニーズにあっていない） ・経費の過剰使用（設備への投資、使い方が絞れていない）	資金の使い方としての配分不足 売上努力不足 実績がないと買わない風土 資金獲得努力不足 ハード系では設備の先行投資要	・資金の有効配分 ・短期売上努力 ・アライアンスからの資金獲得

- 要因に対応して、必ず対応策を複数用意することが必要

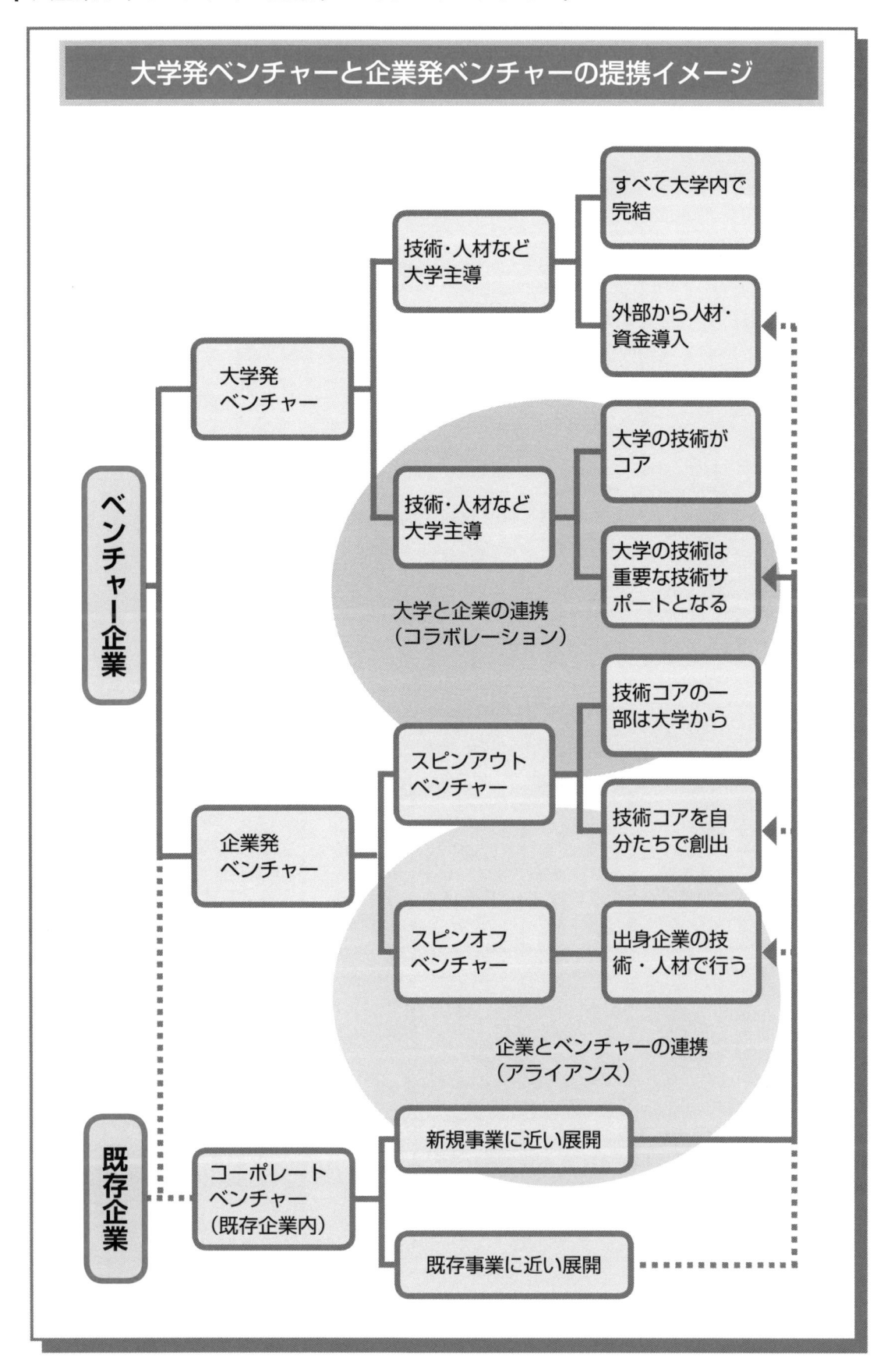

4-4 大企業の中のベンチャー企業（コーポレートベンチャー）

大学発ベンチャーと企業発ベンチャーの提携イメージ

- ベンチャー企業
  - 大学発ベンチャー
    - 技術・人材など大学主導
      - すべて大学内で完結
      - 外部から人材・資金導入
    - 技術・人材など大学主導
      - 大学の技術がコア
      - 大学の技術は重要な技術サポートとなる

    大学と企業の連携（コラボレーション）

  - 企業発ベンチャー
    - スピンアウトベンチャー
      - 技術コアの一部は大学から
      - 技術コアを自分たちで創出
    - スピンオフベンチャー
      - 出身企業の技術・人材で行う

    企業とベンチャーの連携（アライアンス）

- 既存企業
  - コーポレートベンチャー（既存企業内）
    - 新規事業に近い展開
    - 既存事業に近い展開

ベンチャー企業経営としての必要条件：3年で単黒、5年で投資回収

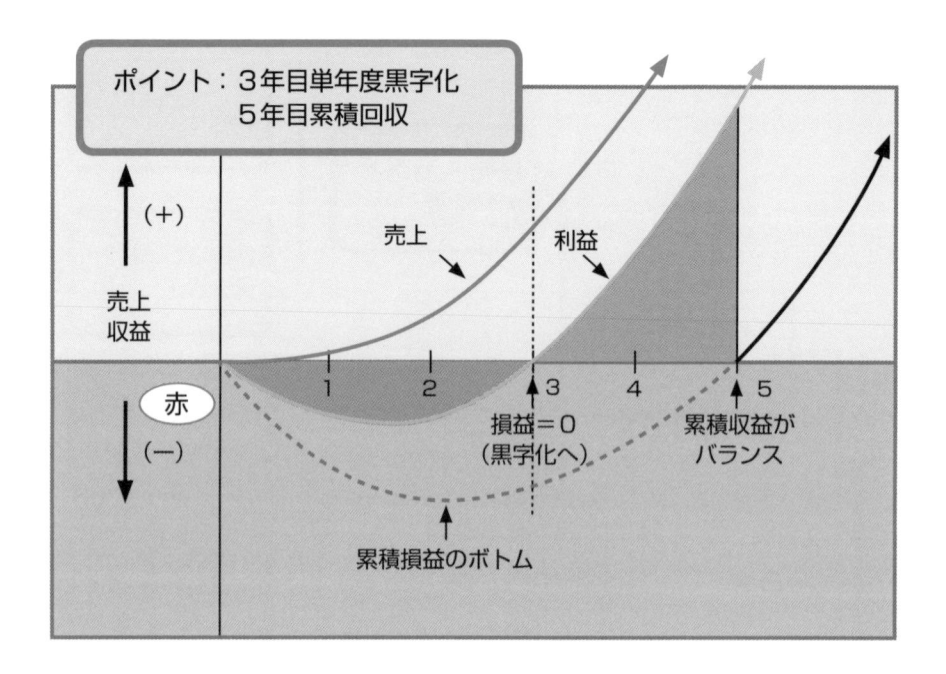

ポイント：3年目単年度黒字化
5年目累積回収

(+) 売上収益
赤 (−)

売上　利益

1　2　3　4　5

損益＝0（黒字化へ）
累積収益がバランス
累積損益のボトム

ベンチャー立ち上げ時資金の日米における違い（イメージ）

米国	○ 壮年期（積極的）	○ ベンチャー成功者多い	○ ベンチャー経験者多い	○ データベースと目利きの存在	○ ATPの豊富な実績	○ SBIRの設定と実績
日本	△ 壮年期（積極的）	×△ ベンチャー成功者少ない	△ ベンチャー経験者少ない	△ データ蓄積中のため不安定	○ 大学、中小企業対応多い	△ 最近設定あり
リスクマネー所在		エンジェル	VC（銀行、証券）	コーポレートVC	R&D	Start-up
		個人リスクマネー	ベンチャーキャピタル（VC）		補助金・助成金制度	

Chapter 4のまとめと実践ワークシート

機能するベンチャー組織体制と大企業

まとめ①ベンチャー的組織とその期待ミッション

- 中小企業とベンチャー企業の違い：新しい分野への展開と志
- ベンチャー企業に期待する成果：まずは3～5年程度で黒字化

実践ワークシート①ベンチャー企業に期待する経営成果：3～5年以内にビジネス化

- 日本のベンチャーをめぐる環境は：
- 何のためのベンチャー起業か：
- 最適なベンチャー体制は：

まとめ②開発連携型ベンチャー企業とそのビジネスモデル

開発型ベンチャー（専門家集団）	⇔	大企業新規事業化部門（ニーズ）
（開発ステージを事業化ステージと直結）		（大企業の不得手な部分をベンチャーが補う）

実践ワークシート②ベンチャー企業の立ち上げを確実にしながら発展を図るポイント

- 大企業の不得手な部分がニーズか：
- マーケットの動きを先読みしているか：
- 大企業との契約とシナリオは明確か：

まとめ③大学発ベンチャー企業とそのマネジメント

新技術だけで商品化？	⇔	兼任体制での経営？	⇔	不明確な顧客ニーズ？
（既存技術、製造技術等も必要）		（専任経営者とマネジメントチームが必要）		（時系列的なニーズのマイルストンが必要）

実践ワークシート③大学発ベンチャーの死の谷を越えるポイント

- 経営マネジメント人材は十分か：
- 技術（ローテクとハイテク）と知財は：
- マーケットとアライアンス展開は：

まとめ④コーポレートベンチャーと新事業推進

イノベーションに対する大企業の限界	⇔	ベンチャー組織による突破
（新事業推進体制）		（コーポレートベンチャー体制）

実践ワークシート④事業化への展開にマッチングしているか検証する

- 現在はどんな体制か：
- 事業化のステージとの対応は：
- 改善策とその理由は：

Management of Technology
MEMO

CHAPTER 5
創造する プロジェクト・ マネジメント

　イノベーションを起こす体制は、いわゆるフラットなプロジェクト型が基本となります。プロジェクトの原点とそのマネジメントや管理について開発・事業化というイノベーションの実践面から検討してみます。
　実はプロジェクト・マネジメントと一口でいっても、2種類のマネジメント体系があることに注意が必要です。それは効率追求型のHOW型と確率向上型のWHAT型ですが、両者は共通のところと全く異なったところがあります。本章では、開発や事業化で重要なWHAT型のマネジメントについて、その不連続性の考え方と実践法を述べていきます。

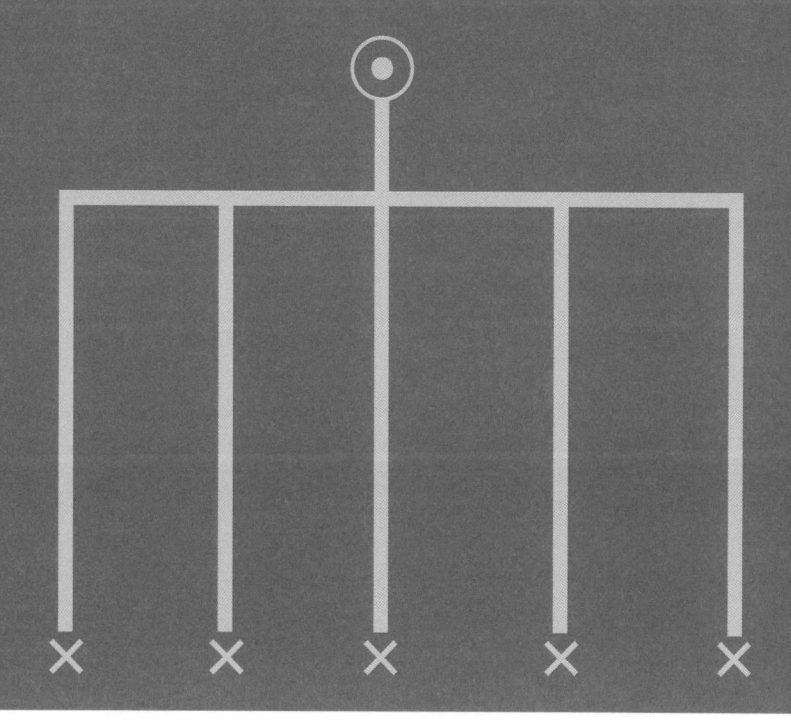

CHAPTER 5 創造するプロジェクト・マネジメント

1 プロジェクトのマネジメントと管理

プロジェクトの重要さと定義

プロジェクトの役割とはなんでしょうか？ 短期間での成果達成はもちろんなんですが、最近ではプロジェクトを通じての人材育成も重要な目的となってきました。

これは、プロジェクトが、特に技術系の人材にマネジメント能力を取得させるために最適の環境だからです。

プロジェクトの目的を整理すると、①成果達成として即効性、最大アウトプット期待、②人材育成として経営・マネジメント人材、となります。

プロジェクトのマネジャーの役割には、経営マネジメント機能としての必要な要素（人、物、金、時間など）のすべてが入っています。これは、課長をマネジャーと呼んだり、マネジメントレベルの職層の事業戦略、スケジュール立案、資金調達などのスキルが取得できます。またメンバーでも業務としてプロジェクトの意思決定をする管理とは究極的な言い方をすれば、の職種をひっくるめて管理職と呼んだところからくる誤解・混乱だと思われます。

管理とマネジメントの違い

日本において、管理（Administration）とマネジメント（Management）はよく混同されています。これは、課長をマネジャーと呼んだり、マネジメントレベルの職層であるといえます。研究・開発現場では、全体の把握はもちろんした上で個別対応の不確定性を伴う未知の課題に挑戦するマネジメント力こそ必要です。

一方、マネジメントの本質とは、統一的・均一的に過去ベースで管理するのではなくて、未来ベースで個別に対応していくことであるといえます。逆にいうと、プロジェクト型以外の既存体制内では不確定性を排除するのが基本なので、いわゆるイノベーション的な業務はほとんど不可能になります。

プロジェクトにおけるマネジメントと管理

プロジェクトでは、杓子定規の「管理」をどんなにうまくやっても成果はでません。大事なのは結果であり、「マネジメント」の範囲内でその巧拙と成果の有無は直接つながります。

なぜなら、その成果に直接影響を与えるのは、現場にいるメンバーに力を発揮してもらうことができるかどうかだからです。言葉を換えると、メンバーの自立・自律を促すことがプロジェクトでは重要で、それがマネジメントの基本となります。

プロジェクト・マネジメントは不確定な要素のあるイノベーション業務を行なう最高の場であるといえます。逆にいうと、プロジェクト型以外の既存体制内では不確定性を排除するのが基本なので、いわゆるイノベーション的な業務はほとんど不可能になります。

ば、管理される側の個別の特性を無視して、全体の最適化を図ることです。そこでは厳しいルールや明確な数値や前例などの管理指標を遵守することが不可欠で、例外というものを嫌うことになります。その場合には必然的に各種の階層も生じてきます。

リーダーがイノベーションの不連続点をいかに早く感じて、次の手を打てるかが開発・事業化へのマネジメントでは決め手になります。

5-1 プロジェクトのマネジメントと管理

プロジェクトの目的と重要性、具体的なスキーム

☐成果達成：即効性と最大アウトプットの期待
☐人材育成：経営・マネジメントスキルの習得

- 一時的(臨時的組織)
- 有期限(始まりと終わりが明確)
- フェイズ(ステップワイズ)
- 単発性(繰り返しなし)
- 集中責任(プロジェクト・マネージャー(PM))
- 緊急性(スピード)
- チームワーク(一時的な集団)
- 限定的なリソース(有限資源配分)
- スケジュール厳守（時間のコントロール）

管理(Administration、Controle)とマネジメント(Management)の違い

	主な対象組織	体制と枠	イメージ	部下への対処	対象の組織例
管理	・ピラミッド型 ・鈍いレスポンス	・個人よりお金規律などで縛っていく ・一律	・倉庫管理(物品管理) ・規制 ・成長	・管理(しめつける) ・はみ出しを嫌う	・工場、軍隊などの大型組織
マネジメント	・フラット型(プロジェクト型) ・クイックレスポンス	・個人をいかに生かしていくかを目的とする ・個別	・動物管理(生き物の飼育) ・育成 ・発展	・良いところをほめる(おだてる) ・はみ出し(実力を認める)	・開発、事業化などのアドホックな組織

- 管理とマネジメントのスタイルは相反することが多く、必要に応じて使い分けることが必要！

CHAPTER15 創造するプロジェクト・マネジメント

開発・事業化のためのプロジェクト・マネジメント

2種類のプロジェクトとマネジメント

プロジェクトと一口にいっても、実際には2種類に分類され、HOW型（効率追求型）とWHAT型（確率向上型）の違いがあります。そこではそれぞれの目的や運営に合致したマネジメントが必要になります。

HOW型はプロジェクトをいかに効率的に進めて、予め決められた目標を効率よく達成するかというものです。WHAT型では先例のない世界で、いかに新しい目標を企画、評価、実行し、確率よく結果を出していくかというプロジェクトになります。

実践MOT、すなわちイノベーションを実現するためのマネジメントの対象としてのプロジェクトはWHAT型としてのプロジェクトマネジメントが主体です。

現場に近いほうが先読みの確率が高い

WHAT型のプロジェクト・マネジメントの場合、不確定な未来へのマネジメント対応が中心となります。この時、プロジェクトのマネジャーがその答えを持っているわけではなく、多くの場合は現場にいる人が主役になってきます。すなわち答えに近いところに組織の意思決定者が存在するのが、成功確率を上げる基本となります。ここでの現場とはもちろん別の言い方をすると、開発・事業化のプロジェクトでは、イノベーションのネタは現場にあるので、マネジャーは現場と近いほど良いといえます。

開発・事業化ステージは不連続のマネジメント

実践MOTにおけるマネジメントの対象は、新事業というイノベーション創出です。生産工程のような先が見える連続的な工場や組織ではなく、先が見えにくい不確定性が高いところでの不連続な顧客現場となります。

開発・事業化ステージは、個別の能力や適性を十分に把握・活用した上で、全体の最適化を図ることです。リーダーには、当然ながら将来への理念や目的などをメンバーと共有する最大の努力が必要です。

また事業化ステージに入って品物をきちんと作っていく段階になってくると、HOW型マネジメントも混ざってきます。この辺は両者を切り分けて仕切るのもプロジェクト・マネジメントの醍醐味といえるでしょう。

日本における製造業は、最近まででプロセス・イノベーションの体制が利益を生んでいたので、経営とはピラミッド組織的な管理が優先であり、プロジェクト追求が主体でリスクを冒さないというのが基本でした。

一方、研究ステージでは、プロジェクトというよりは独創的な個人の作業となり、いわゆる研究開発マネジメントの範疇です。

開発・事業化ステージにおいては不連続が起こることを前提にした（失敗することを覚悟にした）確率の高いWHAT型マネジメントとして現場＝顧客を認識することが必要です。

60

5-2 開発・事業化のためのプロジェクト・マネジメント

2種類のプロジェクト・マネジメントと開発・事業化へのマネジメント

☐ **HOW型**：プロジェクトをいかに効率的に進めて、あらかじめ決められた目標を達成するか（プロセス・イノベーション型）

☐ **WHAT型**：先例のない世界で、いかに新しい目標を企画、評価、実行し、結果を出すか（プロダクト・イノベーション型）

WHAT型マネジメントの基本
- 正解の存在がない世界では協同・協働による解決へ
- 支配、従属からパートナーへ
- 上下関係から役割分担へ
- 階層構造から、フラット構造へ
- 一方向のコミュニケーションから双方向へのコミュニケーションへ
- 指示命令形（指示待ち型）からコミュニケーション型（質問・対話型）へ
- プロジェクト内部でも他組織とのアライアンスでも一緒

事業化へのステージとプロジェクト・マネジメント体制

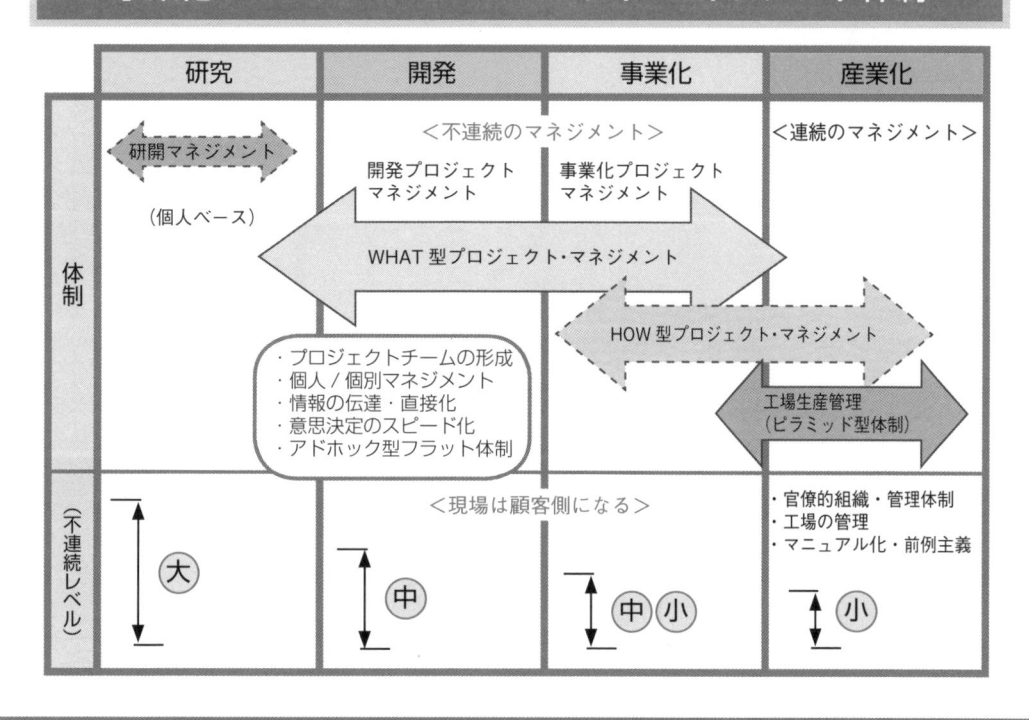

体制	研究	開発	事業化	産業化
	研開マネジメント（個人ベース）	<不連続のマネジメント> 開発プロジェクトマネジメント	事業化プロジェクトマネジメント	<連続のマネジメント>
		WHAT型プロジェクト・マネジメント	HOW型プロジェクト・マネジメント	工場生産管理（ピラミッド型体制）
		・プロジェクトチームの形成 ・個人／個別マネジメント ・情報の伝達・直接化 ・意思決定のスピード化 ・アドホック型フラット体制	<現場は顧客側になる>	・官僚的組織・管理体制 ・工場の管理 ・マニュアル化・前例主義
(不連続レベル)	大	中	中 小	小

CHAPTER 5 創造するプロジェクト・マネジメント

ベンチャー企業に学ぶプロジェクト・マネジメントの実際

ベンチャーの組織体制は情報集約型で変化対応型

生産現場のように、作業の方法論がマニュアル化されて作業者個人の意思やわがままを許さない業務においては、ピラミッド体制は必要なものです。しかしその情報伝達方法は階層構造を持ち、スピードの点では非効率です。

一方、ベンチャー企業の体制はフラットな、いわゆる文鎮型（なべ蓋型）の組織です。開発・事業化現場のような方法論が未確立な場合では、変化をできるだけ直接感じる構造を持つ組織が必要となります。このため、新規事業に挑戦するベンチャー組織のプロジェクトにおいては、フラットな組織も明確にしておく必要があります。そうしないと、各メンバーは自分で何も決められない管理型の組織依存人間になってしまいます。ベンチャーは自立的に動くことです。

人材の配置、把握、補充、育成と評価

メンバーの把握、補充、除外

人的資源に関する考え方としては、メンバー間でのベクトルの一致を行ないながら調整します。これらの人事上の課題は、解決するまですべてベンチャーの社長（プロジェクト・マネジャー）の責任で決定・実行することになります。

とが理想的な姿です。大企業では、豊富な人材をベースにして代替人材がたくさんいますが、ベンチャー企業ではそう簡単ではありません。このためベンチャーのようなプロジェクト組織では、適材適所と人材育成が特に大切になることが理解できると思います。

ベンチャー企業のマネジメントとは進み方と進め方

ベンチャー企業では同様に新規事業のプロジェクトでは、「きっちりやること」が重要ではなくて、「ちゃんとやること」が大切だと述べたいと思います。付け加える

とこの「ちゃんとやること」の意味は、マネジャーはプロジェクトの「進め方（HOW TO）…効率」ではなくて、「進み方（WHAT TO）…確率」を見ていくことが大切ということです。

言葉でいうと簡単ですが、実際のマネジャーは、ベンチャー企業の社長と同じ覚悟で臨むことです。すなわち、それぞれのプロジェクトは迅速で適切な判断が必要になってきます。このために必要な最大のポイントは、最終ゴールの周辺にいるマーケットをプロジェクトの全員で注視することです。

このためにはPMは自分で顧客の生の声を聞き、直接市場から情報を得て他のメンバーと共有化することが肝要です。ライバルより先に、何に価値があるかを先読みしてマネジメントに役立てることがプロジェクトの成功確率を上げ、リスクを低減する最大の方法です。まさにベンチャー企業と同

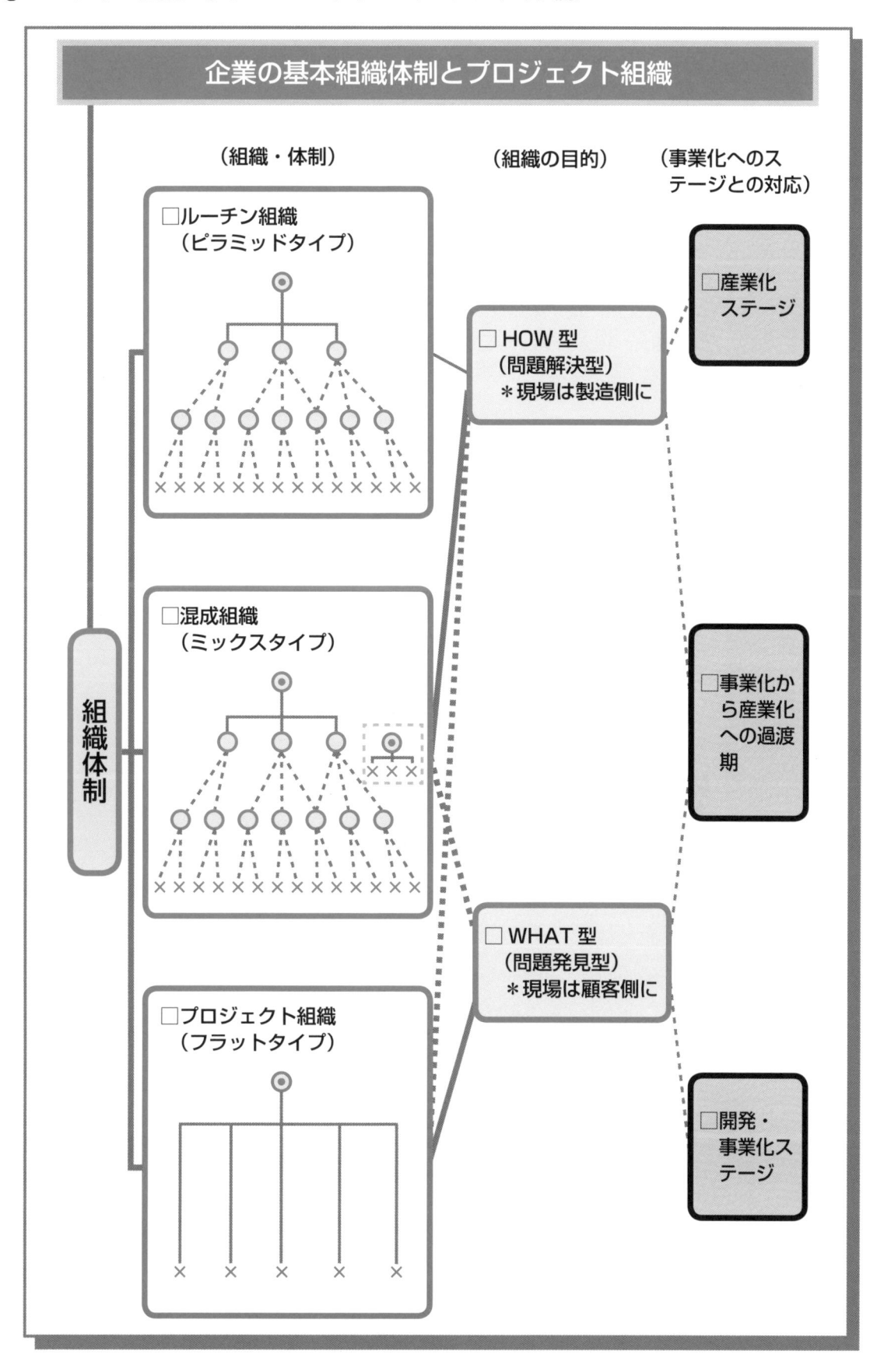

5-3 ベンチャー企業に学ぶプロジェクト・マネジメントの実際

企業の基本組織体制とプロジェクト組織

(組織・体制) (組織の目的) (事業化へのステージとの対応)

組織体制

- □ルーチン組織（ピラミッドタイプ）
- □混成組織（ミックスタイプ）
- □プロジェクト組織（フラットタイプ）

- □HOW型（問題解決型）
  ＊現場は製造側に
- □WHAT型（問題発見型）
  ＊現場は顧客側に

- □産業化ステージ
- □事業化から産業化への過渡期
- □開発・事業化ステージ

開発ステージと事業化ステージの対応対象の違い

	社内対応	社外対応	他
開発ステージのプロジェクトマネジメント	プロジェクト内部、マーケティング、研究所、社内管理部署、（工場、営業）	・マーケティング部隊を通じた社外対応 ・共同開発先がある場合にはその技術、契約	基本的に社内対応
事業化ステージのプロジェクトマネジメント	社内管理部署（知財・法務）事業本部／事業部プロジェクト内部、営業、マーケティング、研究所、工場、アフターサービス、関連会社	・顧客（出来るだけ多く） ・社外発注先 ・業界、競合先 ・共同開発、共同事業化先	基本的に全方位対応

- 事業化ステージのプロジェクト・マネジメントは、全方位なので会社の経営マネジメントとほぼ同義となる

5-3 ベンチャー企業に学ぶプロジェクト・マネジメントの実際

研究・開発・事業化プロジェクトにおける管理とマネジメント

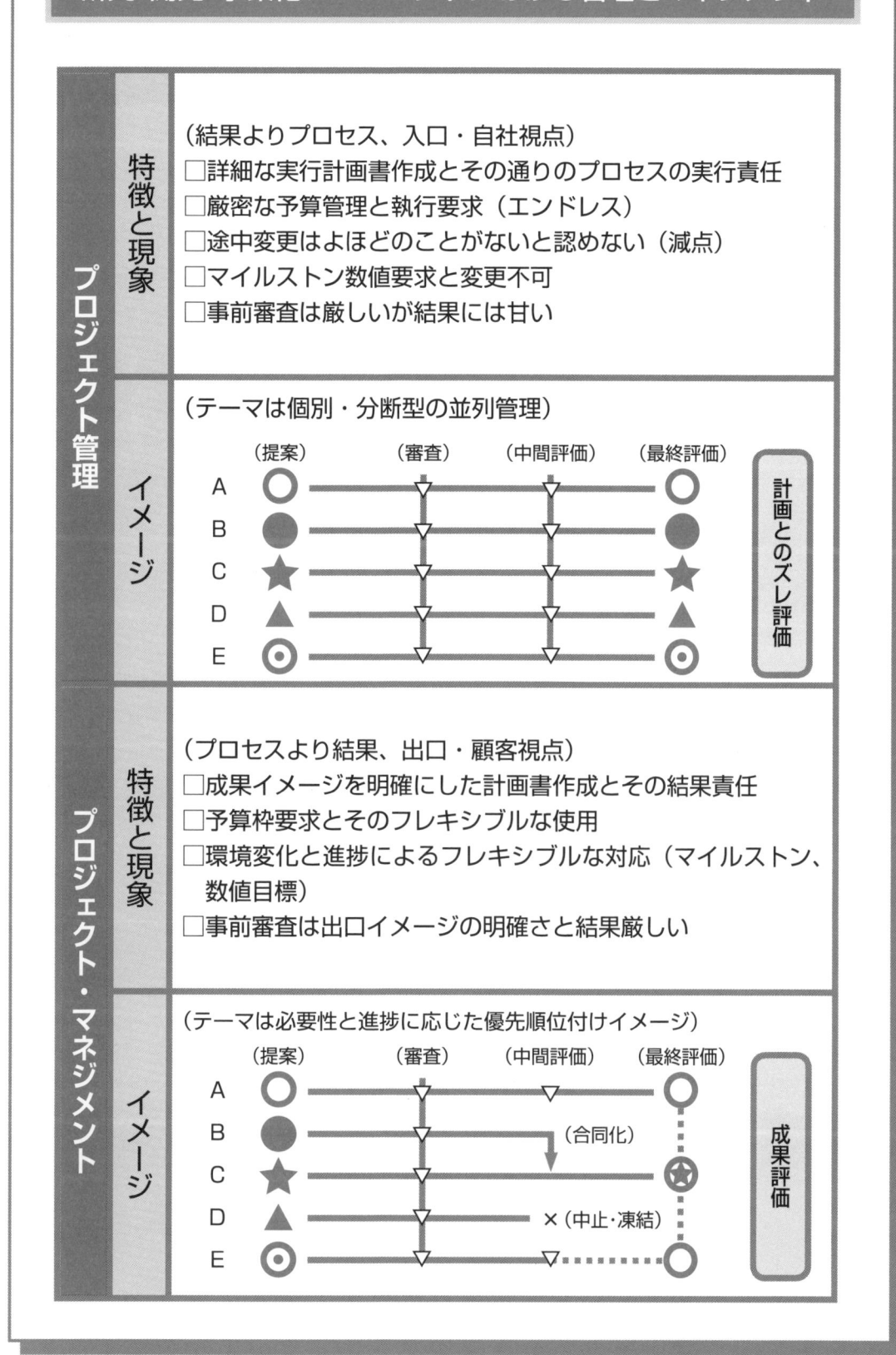

プロジェクト管理

特徴と現象

（結果よりプロセス、入口・自社視点）
- 詳細な実行計画書作成とその通りのプロセスの実行責任
- 厳密な予算管理と執行要求（エンドレス）
- 途中変更はよほどのことがないと認めない（減点）
- マイルストン数値要求と変更不可
- 事前審査は厳しいが結果には甘い

イメージ

（テーマは個別・分断型の並列管理）

	（提案）	（審査）	（中間評価）	（最終評価）
A	○	▽	▽	○
B	●	▽	▽	●
C	★	▽	▽	★
D	▲	▽	▽	▲
E	◉	▽	▽	◉

→ 計画とのズレ評価

プロジェクト・マネジメント

特徴と現象

（プロセスより結果、出口・顧客視点）
- 成果イメージを明確にした計画書作成とその結果責任
- 予算枠要求とそのフレキシブルな使用
- 環境変化と進捗によるフレキシブルな対応（マイルストン、数値目標）
- 事前審査は出口イメージの明確さと結果厳しい

イメージ

（テーマは必要性と進捗に応じた優先順位付けイメージ）

	（提案）	（審査）	（中間評価）	（最終評価）
A	○	▽	▽	○
B	●	▽	→ （合同化）	
C	★	▽		☆
D	▲	▽	×（中止・凍結）	
E	◉	▽	▽	○

→ 成果評価

CHAPTER 5 創造するプロジェクト・マネジメント

4 プロジェクト・マネジャーの資質と役割

プロジェクト・マネジャー(PM)とは

PMの最も大切な仕事は、プロジェクトの目標と行動の方向を明確にすることです。これをビジョン・ロードマップの策定といいます。

できるだけわかりやすい表現で目的と方向性をメンバーに伝達し、共有化して理解を得ることが肝要です。また戦略の見極めや決断をするために、また現場から直接情報を得ることも大切となります。

すなわち、PM自身が何が顧客価値となるかを考えて、ビジョン・戦略を明確にし、チームとしての行動にブレークダウンするということです。

このことで未来のあいまいさを多く含む判断のリスクを最小にします。また、自らのリスクを他のメンバーへ転嫁することの防止にもなり、求心力も出てきます。

PMのリーダーシップとメンバーの役割

フラット型のプロジェクトにおける業務分担においては、常に重複部分を持つことが必要になります。これによって、いくつもの異なった見方をプロジェクトに与えるとともに、変化に対応しやすい組織になります。

従来型のピラミッド組織の場合は役割分担が明確ですが、隙間も多く含む判断のリスクを最小にできます。そこを既存組織では中間管理職がカバーしています。プロジェクトの場合、その隙間はPMを中心としながらも全員がカバーしなければいけません。このことの意味でも、PMはリーダーシップによって全体を導きながら、担当者にも主体者意識を持たせるようにするマネジメントが基本的に必要です。

すなわちPMのリーダーシップとは、メンバーに指示・命令することではなく、自分たちが自立的に考えて行動できるように仕向けること、となります。

とるべきリスクと組織・体制などの環境整備

プロジェクト組織は、基本的にフラットであることが必要条件です。すなわち、できるだけPMが直接プロジェクトとマーケットの現場に触れていないと、的確な意思決定が難しいということです。もちろん、組織の活性化・強化をしながらも、肥大化の防止や簡素な組織構造を追求し、最適人材の配置を行なうのもプロジェクト・マネジメントの要です。

パートナーとの分担では、進捗が思わしくない原因を相手側に押しつけないことが大切です。そのポイントは、常に要求ばかりするのではなく、相手の立場で考えていくことです。それがないとプロジェクトは前に進みません。

開発は不確定要素が非常に多い業務ですから、舵取りに際して、プロジェクト・ミーティングの場などを駆使して臨機応変に判断できるように全体を見回し、かつ敏感に感じることがPMの仕事となります。

一方では、メンバーにも不安要素が多くあり、PMは常に明るく楽観的に振る舞うことが大切で

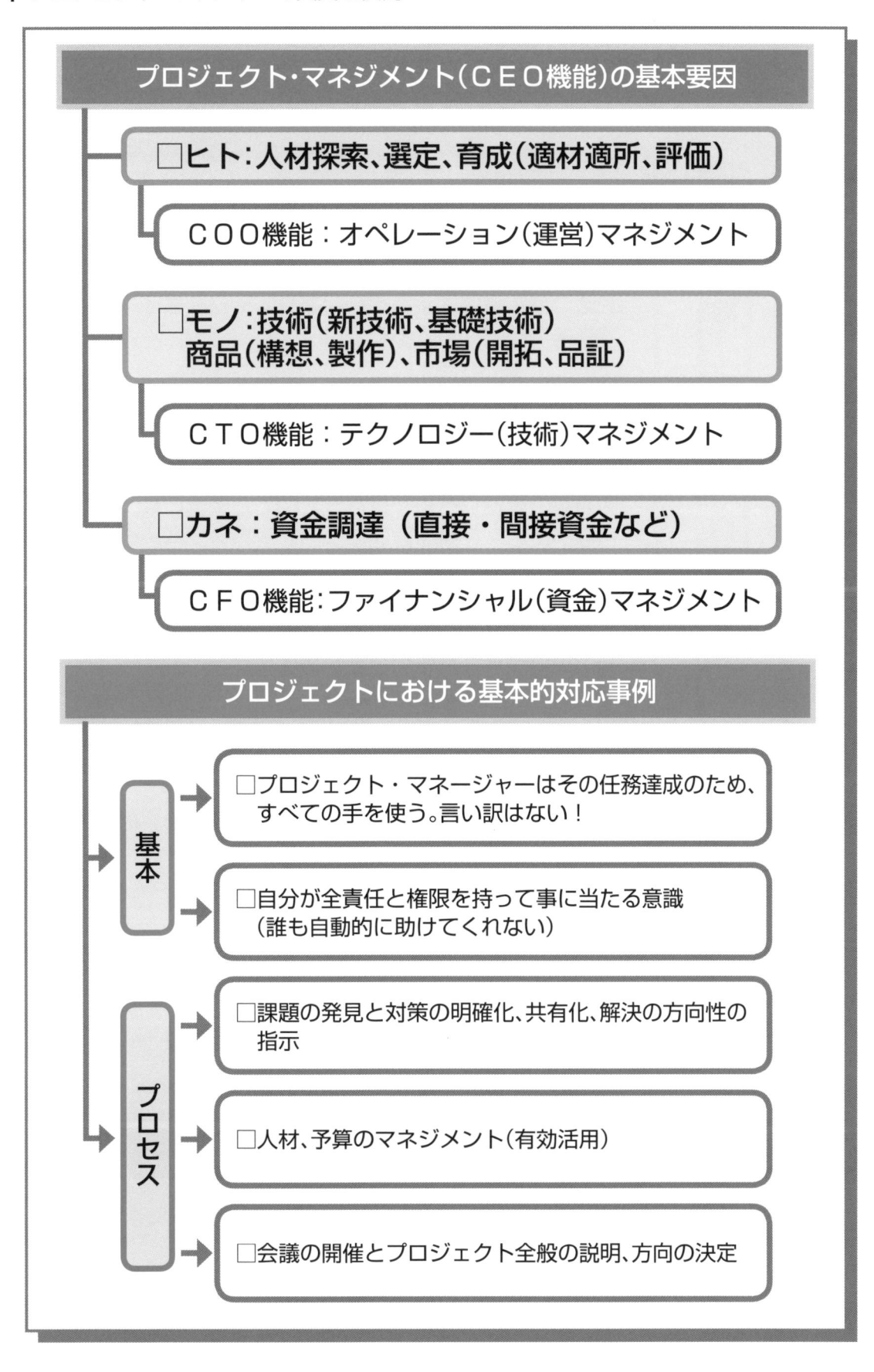

5-4 プロジェクト・マネジャーの資質と役割

プロジェクト・マネジメント（CEO機能）の基本要因

- □ヒト：人材探索、選定、育成（適材適所、評価）
  - COO機能：オペレーション（運営）マネジメント
- □モノ：技術（新技術、基礎技術）
  商品（構想、製作）、市場（開拓、品証）
  - CTO機能：テクノロジー（技術）マネジメント
- □カネ：資金調達（直接・間接資金など）
  - CFO機能：ファイナンシャル（資金）マネジメント

プロジェクトにおける基本的対応事例

基本
- □プロジェクト・マネージャーはその任務達成のため、すべての手を使う。言い訳はない！
- □自分が全責任と権限を持って事に当たる意識（誰も自動的に助けてくれない）

プロセス
- □課題の発見と対策の明確化、共有化、解決の方向性の指示
- □人材、予算のマネジメント（有効活用）
- □会議の開催とプロジェクト全般の説明、方向の決定

プロジェクト・ミーティングの事前準備と事後対応事例

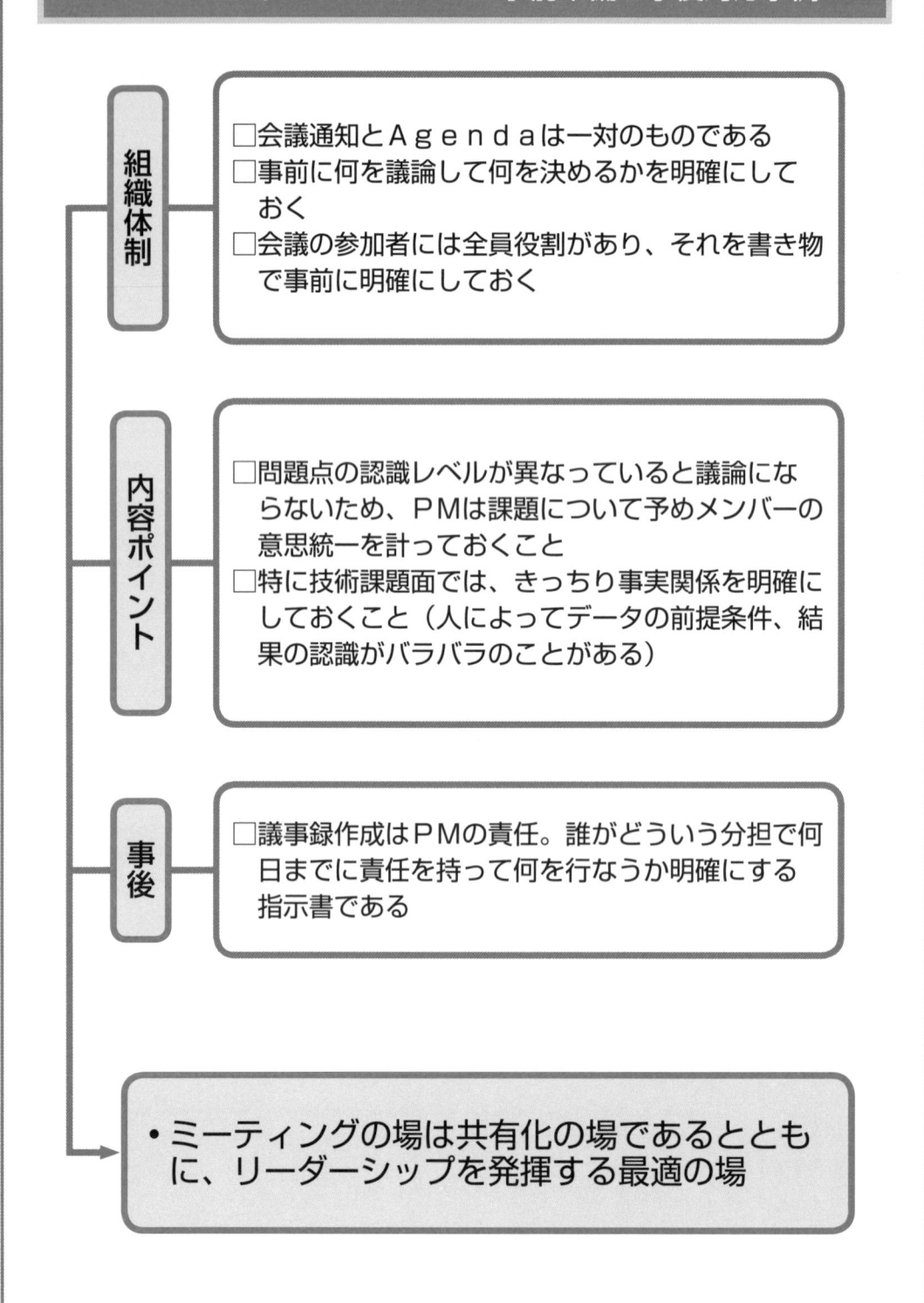

組織体制
- □会議通知とＡｇｅｎｄａは一対のものである
- □事前に何を議論して何を決めるかを明確にしておく
- □会議の参加者には全員役割があり、それを書き物で事前に明確にしておく

内容ポイント
- □問題点の認識レベルが異なっていると議論にならないため、ＰＭは課題について予めメンバーの意思統一を計っておくこと
- □特に技術課題面では、きっちり事実関係を明確にしておくこと（人によってデータの前提条件、結果の認識がバラバラのことがある）

事後
- □議事録作成はＰＭの責任。誰がどういう分担で何日までに責任を持って何を行なうか明確にする指示書である

- ミーティングの場は共有化の場であるとともに、リーダーシップを発揮する最適の場

Chapter 5のまとめと実践ワークシート

創造するプロジェクト・マネジメントの実践

まとめ①プロジェクトの目的と管理とマネジメントの違い

管理（Administration）	⇔	マネジメント（Management）
（既存ルーチン組織・大組織など）		（新規ブレークスルー組織、小組織）

実践ワークシート①プロジェクトの目的と意味、体制は明確か？
- 目的は明確になっているか：
- 体制とステージは合っているか：
- マネジメントと管理は区別されているか：

まとめ② WHAT型のプロジェクト・マネジメントの理解

HOW型プロジェクト	⇔	WHAT型プロジェクト
（モノ造り、プロセス・イノベーション対応）		（もの創り、プロダクト・イノベーション対応）

実践ワークシート② WHAT型プロジェクト・マネジメントは行なわれているか？
- 現状のプロジェクト体制の分析：
- その理由はなぜか：
- 今後の対応策は：

まとめ③組織体制とプロジェクト・マネジメントとの対応

ピラミッド型組織	⇔	ミックス型組織	⇔	フラット型組織
（ルーチン型、大組織管理型）		（プロジェクト試行型）		（プロジェクト型、小規模・臨機応変型）

実践ワークシート③フラット型プロジェクト組織と現実との落差
- 現在のプロジェクト組織の現状は：
- 最適な組織は、理由は：
- 今後の最適化への対応：

まとめ④開発・事業化ステージと産業化ステージのマネジメント

産業化（営業・生産）ステージ	⇔	開発・事業化ステージ
（積み上げを伴う確定性の高い管理）		（ブレークスルーを伴う不確定のマネジメント）

実践ワークシート④不確定性に対応するマネジメント体制は可能か？
- 現在の対応は：
- その課題と理由は：
- 今後の対応は：

CHAPTER 6
損をしない産学連携とアライアンス

　一昔前までは新技術を事業化する時に、自前で研究開発から事業化までの全部をこなす会社が一流の会社といわれてきました。しかし現在では、業種によらず自社の得意な分野とステージに絞り込みつつ産学連携を含むアライアンスを形成して収益を出していくことが一般的となっています。

　本章ではオープン・イノベーションの方法論として重要な意味をもつ産学連携とアライアンスについて、それぞれの組織の判断基準などの実践的な視点での考え方を解説していきます。

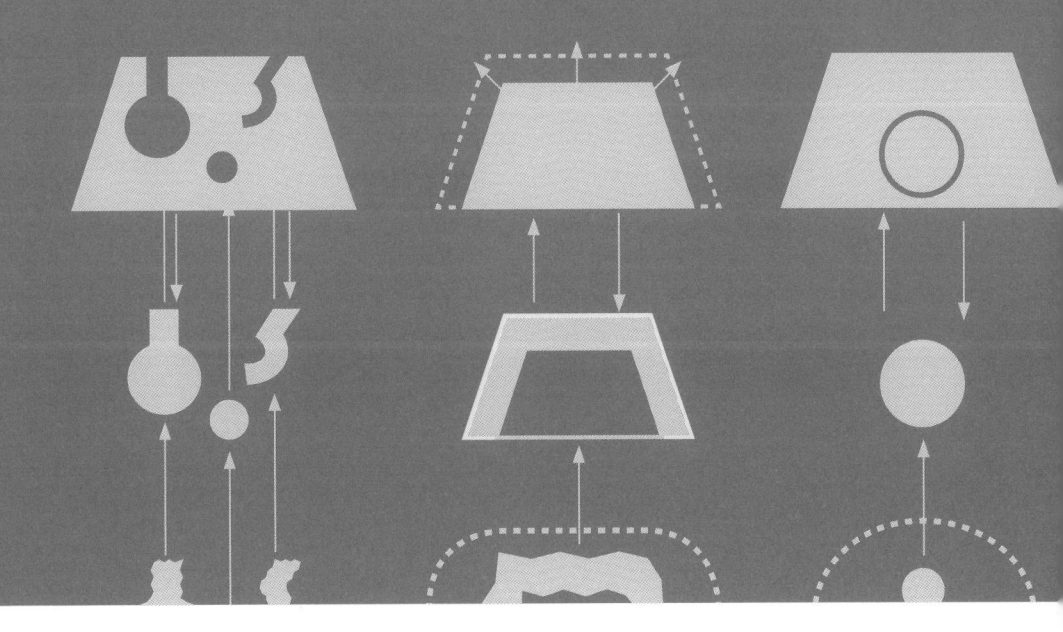

CHAPTER 6 損をしない産学連携とアライアンス

1 アライアンスの基本的な取り組み方

■アライアンスとは何か

アライアンスの定義や考え方にはいろいろな意見があって、まだ定説というものはありません。しかし共通しているのは、他の組織と協力して何かを行なうこと、そこから何らかの成果を出すこと、単なる連携より重い「同盟関係」ということになります。

新規事業展開においては、他社と差別化された技術を基にした、開発ステージから事業化ステージへのスピーディな移行が最重要のポイントです。

このステージ間の溝（死の谷）を埋める方法論として実践されているのが、開発型ベンチャーへの委託や共同開発を中心としたオープン・イノベーションと呼ばれるアライアンスを用いた新事業創出への挑戦です。

■空間的な補完関係…パターン分類

アライアンスは必要性があって探すものですが、新事業開発を目的とした場合には、まず「アライアンスによって将来どんな展開が出来るか」という切り口の戦略的な予測が必要となります。

ここでは、まずはアライアンスによる関係を3種類に分類して整理する考え方を示します。これは、筆者が実際に企業内新規事業の企画を行わないアライアンス相手を探していた時に「どことどう行なうか・しないか」という判断のベースとして使ったものです。

① 補完型（TO FILL）：すでに製品に近いものを持っている補完的アライアンスです。

② 展開型（TO ADD）：今後の発展性部分をアライアンスから入手するパターンです。

③ 大化け型（TO CREATE）：いわゆる、零から育てる中長期ビジネス展開です。

■時間的な補完関係…各ステージでの例

ビジネス展開という意味では、さまざまな将来の可能性がありますが、その中でも各ステージごとに最適なアライアンスを考えることが必要です。それぞれのステージの連携やアライアンスにおける特徴を示してみました。

● 研究ステージ：従来型の各種共同研究が主体となります。大学との連携、国公立の研究機関、工業試験所などとのアライアンスもあげられます。

● 開発ステージ：開発の分担・委託を、開発型ベンチャーや受託開発機関にまかせることもあります。場合によっては、M&A（買収）などによって取り込むことも考えられます。米国では、大学との産学連携もこのステージで行なわれる場合が多いようです。

● 事業化ステージ：この段階では時間の短縮が最大目的となります。このためには単純な補完関係だけでなく、競合している企業との未来、顧客を見すえたJV（ジョイントベンチャー）などもオプションとして考えられます。

● 産業化ステージ：産業化は製造・販売・アフターサービスの段階です。このため、従来から一般に存在するアライアンスとして生産委託、販売委託を主体に資本参加、事業買収などもあります。

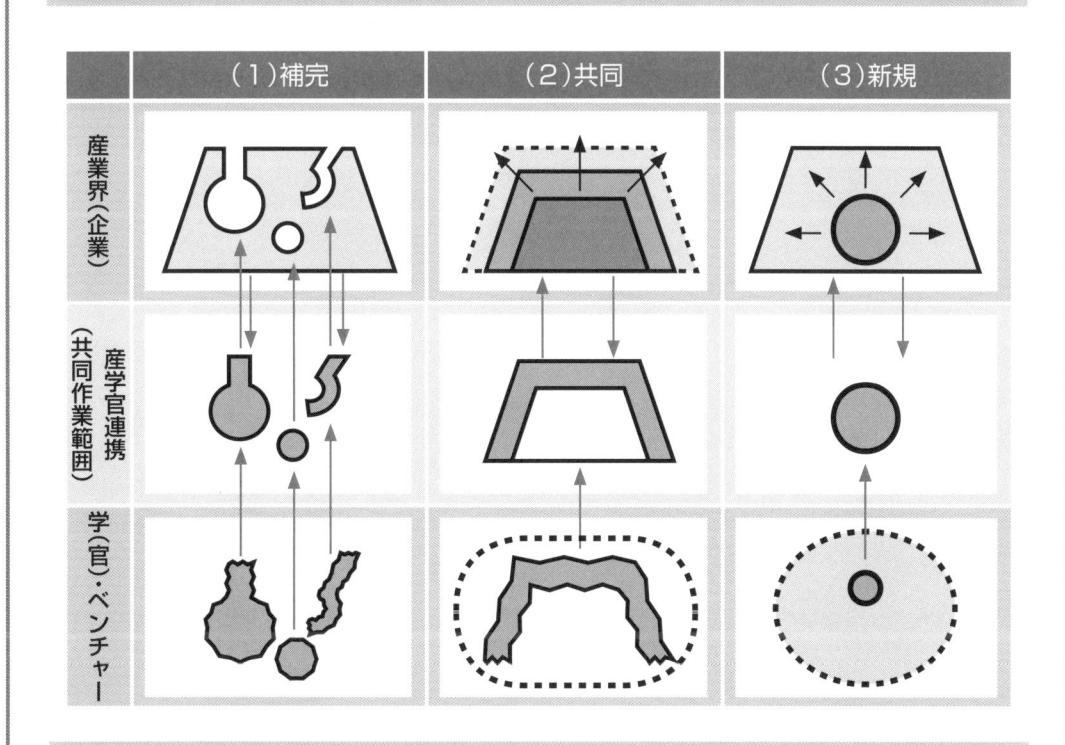

6-1 アライアンスの基本的な取り組み方

共同／連携するパターンの空間的マッチング

	(1)補完	(2)共同	(3)新規
産業界（企業）			
産学官連携（共同作業範囲）			
学（官）・ベンチャー			

事業化へのステージと時間的マッチング

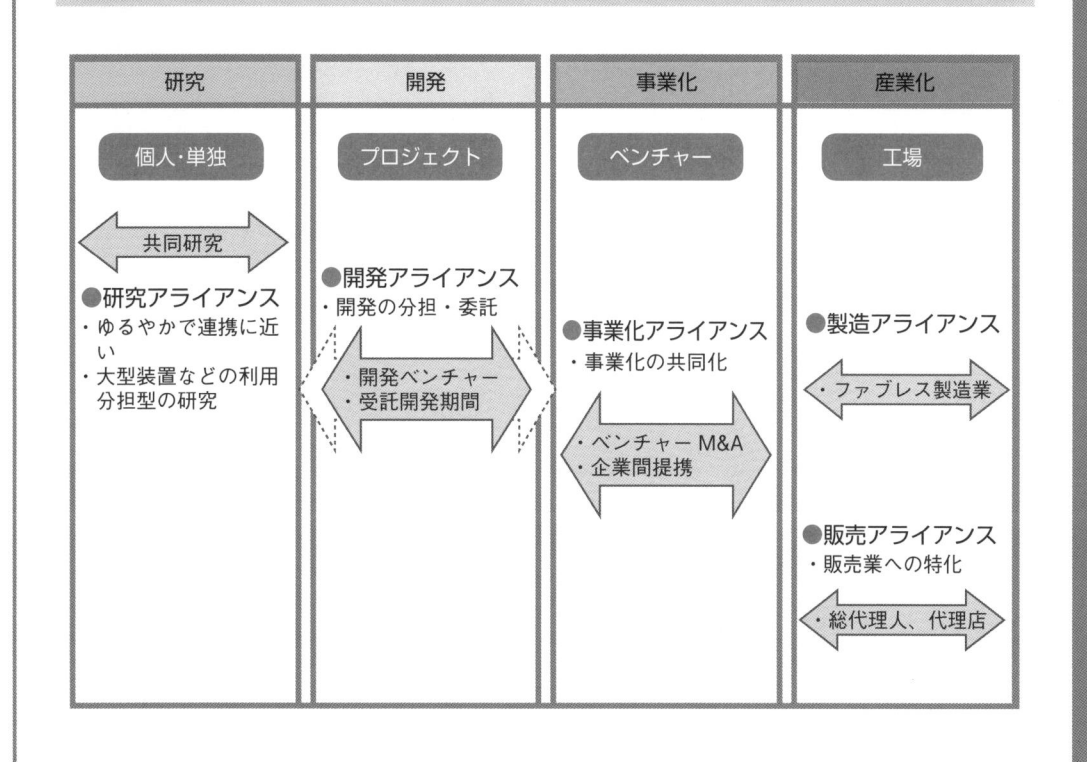

研究	開発	事業化	産業化
個人・単独	プロジェクト	ベンチャー	工場

研究 — 個人・単独
- ←共同研究→
- ●研究アライアンス
  ・ゆるやかで連携に近い
  ・大型装置などの利用分担型の研究

開発 — プロジェクト
- ●開発アライアンス
  ・開発の分担・委託
- ・開発ベンチャー
- ・受託開発期間

事業化 — ベンチャー
- ●事業化アライアンス
  ・事業化の共同化
- ・ベンチャーM&A
- ・企業間提携

産業化 — 工場
- ●製造アライアンス
  ・ファブレス製造業
- ●販売アライアンス
  ・販売業への特化
  ・総代理人、代理店

CHAPTER 6 損をしない産学連携とアライアンス

2 産学連携の本質と課題、対応方法

産学連携の意味と課題

企業における新しい技術シーズや知財については、次々と新しいネタが必要です。

そこの不足部分を補うのが「産学連携」（アライアンスとは違いますが、その一環と広く考えています）の基本です。産学官それぞれのミッションと、WIN-WINの意味について検討してみましょう。

企業が新事業展開を行なう場合、革新的な分野であればあるほど技術シーズが不足する場面で大学等とうまく連携することで企業は自らの得意なステージ、例えば生産や事業化に特化でき、開発スピードがあがるというメリットが生じます。

大学と企業は、これまでは同一の価値観でない空間にあり、異なった原理・原則の下にあったといえます。産学官とは、今後も一緒にやろうと思うことです。これをWIN-WINの関係といいます。

しかしながら、連携を行なってみたがもう二度とごめんだと双方が思ってしまったら、これはWIN-WINの関係とはなっていません。

それを防ぐには、産学官それぞれのミッションの内容と共に、お互いのWINの内容を認識し明確化する必要があります。

各々の立場上のミッションとWINの内容を例としてまとめてみると、産業界のWINは売上・利益増大です。大学のWINは教育・研究成果であり、官側のWINは国・地域・県・市などの産業振興となります。

産学官におけるWIN-WINの意味とマッチング

連携のときに大切なのは、その双方がアライアンスをやってよかった、今後も一緒にやろうと思うことです。これをWIN-WINの関係といいます。

しかしながら、連携を行なってみたがもう二度とごめんだと双方が思ってしまったら、これはWIN-WINの関係とはなっていません。

それを防ぐには、産学官それぞれのミッションの内容と共に、お互いのWINの内容を認識し明確化する必要があります。

各々の立場上のミッションとWINの内容を例としてまとめてみると、産業界のWINは売上・利益増大です。大学のWINは教育・研究成果であり、官側のWINは国・地域・県・市などの産業振興となります。

しかしその目的と手段が学側、産側双方において、同じ（経済）原理の土俵にのると同時に連携が難しくなってきている面があります。

N-WINの関係とはなっていません。

産が学に期待するのは、「時間的に先をいく技術」なのか「時間的に先を離れた技術」なのかを明確に分けて捉えることが重要になります。

産学連携で期待する技術は「飛び離れた技術」なのか「時間的に先をいく技術」としての先進技術のほうです。このように考えると、大学の技術がいかに革新的であろうとも、単に先端で飛び離れた技術ほど企業には直接役だたないものとなります。

産学連携のためのチェックポイントをまとめると、まずは双方の立場を理解した上での信頼関係が基本であることはいうまでもありません。その上で、

① 空間的ポジショニングの一致、
② 時間的ポジショニングの一致、
③ 将来のWIN-WIN関係、

という複数の視点での連携のポジショニングが重要です。また、当然ながらお互いの立場の理解も重要となります。

産学連携のためのポイント

産業界における新技術は独立し て存在するものではなく、多くの既存技術や既存製品などと強く関連しています。ビジネス上、先端技術は「飛び離れた技術」なのか「時間的に先をいく技術」なのかを明確に分けて捉えることが重要になります。

6-2 産学連携の本質と課題、対応方法

産学官の WIN-WIN-WIN とは

経済原理や論理がすべてに優先しない世界

- □産業界の WIN：売り上げ、利益増大、新規製品・商品開発、新技術シーズ獲得
- □大学の WIN：教育成果（学生、学位授与）、研究成果（論文、特許）、産学連携（企業指導、地域貢献、研究費の獲得、学生の獲得…）
- □官（国、自治体の産業振興関係）の WIN；国・地域・県・市などの産業振興、人材の定着、ネットワーク形成、産学連携の振興…

産学官のミッションとは

- □大学のミッション：教育→研究→共同産業支援（地域、地場を含む）
- □産業側の優先順位：生産（販売）→開発→共同研究
- □官公庁のミッション（産業振興関係）：共同産業支援

産学官連携を成功させるチェックポイント

連携のためのポジショニングの明確化

- □空間的ポジショニング：事業領域と研究領域との整合性
- □時間的ポジショニング：技術の成熟度、先端度、将来度の整合性
- □将来の WIN-WIN 関係：うまくいった時の配分と権利関係

CHAPTER 6 損をしない産学連携とアライアンス

オープン・イノベーションとアライアンス展開の実際

■オープン・イノベーションの考え方

組織体が相互に関わる関係の中で「ネットワーク」という言葉もあります。アライアンスもある種のネットワークという捉え方もありますが、ここでは区別して使います。すなわち、アライアンスは何らかの約束、契約のもとで2つ以上の組織が共同で何らかのアクションを起こすこととします。

ネットワークでは情報は流れますが、約束や共同体としての行動は必ずしも伴いません。アライアンスではその共同体は外部からクローズドであり、ネットワークはオープンであるともいえます。

オープン・イノベーションについては、何がオープンで何がクローズドかという観点でよく考えることが大切です。

■日本の製造業と開発ベンチャー

日本の製造業が世界から期待されているのは、新技術・新製品の開発と展開力（プロダクト型のイノベーション）です。大学の技術がいかに優れていても、それだけでは開発・事業化は難しいといえます。また大企業の中では、こまごまとした試行錯誤が必要な事業化の初期ステージに関しては手を出しにくくなりつつあります。

そこで「開発型ベンチャー企業」との連携には、その隙間を埋める補完的な役割が期待されています。なかでも有力なのがアライアンスの提携といえるのが、ベンチャー企業の持つ「スピードある開発力」と大企業の「資金力、人材力」の組合せによる新規事業の推進で、WIN-WINの理想の関係として大きく期待されており実績も出てきています。

■ベンチャーと大企業の契約の考え方の骨子

開発ベンチャー企業と大企業間の関係は、下請け契約ではなく「パートナー契約」です。この趣旨を明確にする1つの形が、契約内容です。

日本における従来型の上下関係の契約に慣れていると、対等（パートナー）の契約内容がすんなりと理解しがたいところもあるので要注意ですが、この時の主要なポイントの5項目を示します。

① 委託者と実行者（受託者）はリスクをお互いにとり合い、成果も共有するパートナーであるとの認識：成功することで双方がハッピーになる（WIN-WINの関係）

② お互いの所掌の明確化：お互いに何をするか、できるかの分担を明確化して、問題が起こった時は協力して解決する

③ マイルストンの共有化：チェックポイントと成果に応じた評価と支払いの実施を迅速にする

④ 成果の移転に関する十分な契約：どの段階で、装置や技術権利を渡すかなどを明確化しておく

⑤ 契約打ち切りの条件明示：うまくいかなかった時の処理方法を事前に明確化しておく

欧米のオープン・イノベーションの考え方については、このような未来までを見通してみた上での契約関係が共有化されて、パートナー型となっているのが特徴といえます。

6-3 オープン・イノベーションとアライアンスの展開の実際

オープン／クローズドな関係とは

誰に対してオープン／クローズドか要注意

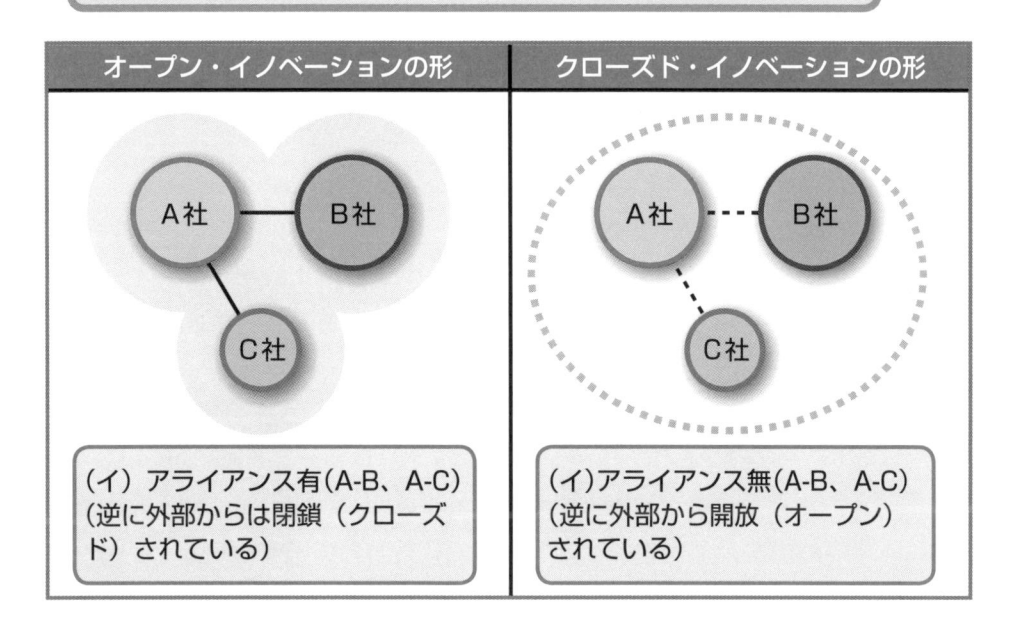

オープン・イノベーションの形	クローズド・イノベーションの形
A社 — B社, A社 — C社	A社 --- B社, A社 --- C社
（イ）アライアンス有(A-B、A-C) （逆に外部からは閉鎖（クローズド）されている）	（イ）アライアンス無(A-B、A-C) （逆に外部から開放（オープン）されている）

開発連携型アライアンス展開の事例

展開フローと具体的な内容事例イメージ

【展開フロー】	【具体的内容】
開発ターゲット明確化	最終マイルストンの設定
チェックポイント	段階的マイルストンの設定・確認
プロジェクトの実行	努力目標の設定と遅延事項の現実的な処理方法 ／ 定期的、継続的なプロジェクトミーティング
プロジェクトの表面上の完了	マイルストンの到達の確認と支払いの迅速化
技術の移転完了	追加項目化と成果の文書化、権利化
プロジェクトの仕上げ	完成後のフォローアップの範囲と費用の明確化
プロジェクトの終了	共有資産の分配

産官学の判断基準と今後のアライアンス

共同で開発や事業化することの意味

企業側がある種のビジネスを意図している場合に、自ら持っている原資（技術リソース）だけではビジネスがスタートできない時、アライアンスを探して適切なところがあったらそこと組んでいきます。その場合の「適切」という意味を考えていきましょう。

アライアンスの結果、企業は製品開発が迅速に進むことができれば、結果としてマーケットが見えてきます。さらに事業化ステージに入ってくれば、企業は産学連携から離れて死の谷を越える活動に集中することになります。

連携のステージは研究から開発ステージへ

大学側への企業からの期待としては、まずは「研究ステージ」での連携、すなわち新しい技術シーズの確保です。次に大きく期待がかかっているのが「開発ステージ」と開発との間に横たわる「魔の川」ということになります。

ちなみに米国の大学の産学連携での連携は、この「開発ステージ」に踏み込む例が多く、このことが企業から巨額の共同開発資金を入手できる1つの理由となっています。

産学での協力関係が開発ステージとしてできれば、産学連携は目に見える成果を出せる可能性が非常に高いのです。言葉を換えると、産学連携というアライアンスが本当の意味でWIN-WINとなる主なステージは研究ステージでなく開発のステージです。

こう考えていくと、大学が越すべき障壁はいわゆる産業界が陥っている「死の谷」ではなく、研究と開発との間に横たわる「魔の川」ということになります。

評価サンプル（＝初期製品）試作での連携であるともいえます。

このために重要なことは、産学ともに開発ステージの後の事業化ステージにおける認識を共有化しておくことです。

それぞれの立場での思考法と判断基準

学、官、産それぞれの立場での思考法と判断基準を再整理します。

①学の思考と判断基準…「正否」の判断が主体であり、科学・技術を明確にして共有化することが可能となります。

②官の思考と判断基準…「当否」の判断が主体であり、当然ながら法務、法律関係との対比の判断、管理（administration）として過去の蓄積、事例の集積による前例主義の判断が重要になります。

③産の思考と判断基準…「適否」の判断が主体であり、流動する不確定な状況の中での最適な経済原理の判断かとなります。

現実にはそれぞれの判断基準で白黒が明確になるわけではなくて、それぞれが混在してグレーになっている場合がほとんどです。

連携の目的が事業化の場合には、最後は産側の判断基準が優先され、「適否」の判断が主体となるのです。

これらの判断はそれぞれの立場で異なるのが当然ですが、何のための議論・連携かという目標を明確にして共有化することで乗り切

いか、理論的、または現象的に正しいか、実証、弁証できるかなどが重要になります。

6-4 産官学の判断基準と今後のアライアンス

産官学の連携（共有化）ステージのイメージ

将来は開発ステージが共通のステージとの認識

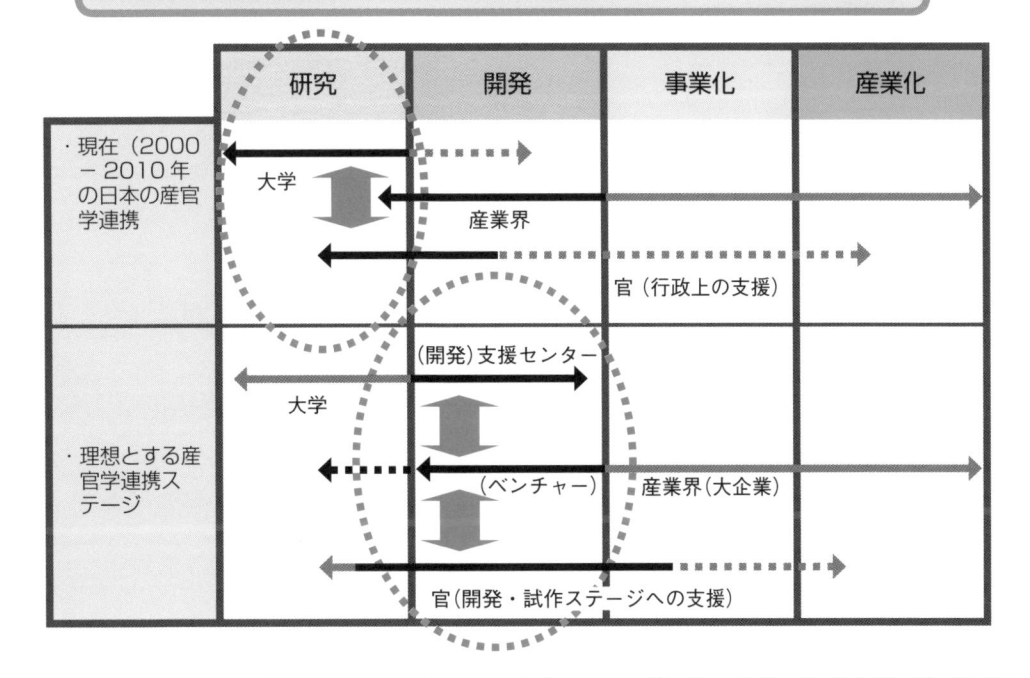

	研究	開発	事業化	産業化
・現在（2000－2010年の日本の産官学連携	←大学→ ⇅ ←産業界→	----→ ←----	官（行政上の支援）	----→
・理想とする産官学連携ステージ	←大学→	（開発）支援センター ⇅ （ベンチャー）	産業界（大企業）	----→
	←	----→	官（開発・試作ステージへの支援）	----→

産官学の基本的判断基準

産官学の基本的判断基準

	判断基準	基本的視点	重視するポイント
産側	□適否（フレキシブル）	□経営	□事業環境への対応 □儲かるか、売上（市場）、利益（顧客価値）の追求
学側	□正否（理論）	□科学・技術	□論理性、実証性、真理の追求
官側	□当否（堅い）	□法律	□判例、前例、管理（例外は認めない）

Chapter 6のまとめと実践ワークシート

損をしない産学連携とアライアンス戦略

まとめ①アライアンスの基本的取り組みと儲け方

空間的マッチング	⇔	時間的マッチング
（補完、共同、創出の内容）		（どこのステージでの連携か）

実践ワークシート①連携（アライアンス）構築の目的とマッチングは十分か？

- 最終目的の共有は：
- 空間的マッチングは：
- 時間的（ステージ）マッチングは：

まとめ②産学連携の本質と課題／今後の対応

ミッションと優先順位	⇔	連携のポジショニング
（WIN-WINの内容と時期）		（空間、時間、成功時の配分）

実践ワークシート②産学の違いと連携のためのポイントをおさえているか？

- 産官学のミッションを理解しているか：
- それぞれのWINを考慮しているか：
- 連携のチェックポイントがクリアされているか：

まとめ③オープン・イノベーションとアライアンス展開の実際

オープンの理解	⇔	クローズドの理解
（誰に対してどの程度クローズドか）		（誰に対してどの程度オープンか）

実践ワークシート③オープン・イノベーションは両者にメリットと痛みを伴う

- メリットの理解は十分か：
- デメリットの理解は十分か：
- 将来の負担と配分が明確か：

まとめ④産官学の判断基準と共通のステージ

適否判断	⇔	正否判断	⇔	当否判断
（環境適応、経営）		（論理、技術）		（条文解釈、法律）

実践ワークシート④それぞれの視点の理解と目的の共有化

- 何のための連携か：
- お互いの視点の理解は十分か：
- どの立場で議論を進めるかの共有化は：

CHAPTER 7

事業化に役立つ知財マネジメント

　研究・開発成果をもとに、世の中に役立つ新商品を提供しようとした時、いくらそれが優れた技術に基づいたものであっても、先行特許のせいで実現できなくなる可能性があります。また新ビジネス全体も何らかの手段で知的財産を保護しておかなければ、すぐに真似されてしまいます。一方では、開発や事業化のスピードを上げるための強力なアライアンス形成の大切な手段が知財の確保です。

　ここでは、MOT体系の中での知財マネジメントについて、戦略立案やオープン・イノベーションへの対応を中心に、その実践的な考え方や手法を説明します。

CHAPTER 7　事業化に役立つ知財マネジメント

1 なぜ知的財産（知財）戦略とマネジメントか

日本の現状と知財の役割

知的財産とは無形資産の一部です。日本では2002年に知財立国宣言により重視姿勢を明確に表明し、近年この資産価値は増大しつつあります。

科学技術重視を標榜するわが国としては、知財についての基本的理解のないビジネスは存在しないといってもよいでしょう。しかし歴史的に見ていくと、1990年代のバブル崩壊までは、高品質、低コストで、世界の工場たる日本の特徴が、いわゆる製法（プロセス）特許以外はあまり注目されなかったのです。

これからの時代には、知的創造サイクルの必要性がいわれています。これは端的にいうと、発明、デザイン、商標、著作権などの重要性です。これらも知的財産として、特許と一体で保護することで付加価値の高い新商品・新事業を創っていくということがますます重要になってきています。これについて解説していきます。

プロダクト・イノベーションと知財の範囲

日本の製造業の付加価値は、新しい商品や事業を創っていくところに移っていることを示してきました。そのコアとなるものが知財とその戦略マネジメントとなります。

プロダクト・イノベーション（ものの創り）のパラダイムのなかで必要なことは、顧客側の価値に近いデザイン、商標、著作権などの重要性です。これらも知的財産として、特許と一体で保護することで付加価値の高い新商品・新事業を創っていくということがますます重要になってきています。これについて解説していきます。

時価総額の中で無形資産の占める割合

企業の時価総額における無形資産の占める比率は年々増加し、例えば米国では工場資産や土地などの資産価値が高かった1950年代においては、無形資産の比率は20数％程度であったのですが、70年代には50％、90年代には70％が無形資産といわれています。

日本は米国と比べて20年以上遅れているといわれており、2010年でその価値の比率はようやく50～70％程度になっています。今後も無形資産の比率は増大していくと予測されます。

知財マネジメントの戦略的な意味

知財の重要性はよく知られているように、特許と同様に差別性、優先性、独占性などを得るために必要なものという面が強調されていました。これらの意味はどちらかというと、短期的、戦術的なものと理解しましょう。

知財をMOTの一部として戦略的、中長期的な捉え方をする場合には違った側面が見えてきます。すなわち中長期的な顧客価値の実現を目的として良い相手と組むための重要な道具です。

すなわち知財の新規事業化の戦略的な意味としては、知財（権）を競合相手に対する「防衛的な」面よりも、事業の（中心の）コアを形成し、新事業やアライアンスを促進するものとした「発展的」な面が重要になっています。

この考え方は、新規ビジネスを立ち上げる時に重要な視点となります。

7-1 なぜ知的財産（知財）戦略とマネジメントか

知的創造サイクルがもの創り（プロダクト・イノベーション）に必要

いかに知財を活用し再生産・再投資に もっていくかが重要（未来での活用の視点）

- □発明の活発化
- □権利化、ライセンス

創造 → 保護 → 活用

- □再投資・再生産
- □事業化して使っていくことが最大の活用

製造業の儲けのパラダイムシフトと知財の重要性

なぜ「特許」が「知的財産」と変わったかの背景を理解（イノベーションの視点）

プロセス・イノベーション時代の知的財産（特許）の意味
…「モノ造り」が目的
＜基本的に造るための権利確保＞
- □実用新案、改良特許、プロセス特許
- □これまでの考えを許容できる範囲で進化させる：改善、改良
- □プロセス革命・改善の権利確保、独占化

↓

プロダクト・イノベーション時代の知的財産の意味
…「もの創り」が目的
＜基本的に創ったものの権利確保＞
- □特許（発明）による技術シーズの確保から、商標、著作権、ノウハウへ
- □人が考えていないような革新的アイデアをもとに、一歩早く事業化を実現へ
- □オープン・イノベーションへの手段として、アライアンス形成

事業化に役立つ知的財産

企業と知財…特許出願を例にとって

知的財産はなぜ企業にとって重要なのでしょうか？　特許を例にとってお話ししましょう。最大のポイントは、研究開発の成果を他人より早く特許化し新事業として展開して企業と顧客に役立つということです。それによってビジネスを成功させ最終的には企業価値を高めると期待されているからです。

特許を出願することの目的には、その他に技術の保全が挙げられます。しかし経営的な観点からはあくまで間接的な価値であり、直接的な経済的価値としては見えにくいといえます。

一方、技術者の立場からすれば、特許出願は技術に関するものとしての権利範囲を明記したものであり、モチベーションの維持・向上が図れます。

経営戦略、事業戦略、技術戦略と知財戦略

製造系の多くの企業において、従来の特許の役割は研究、開発戦略のもとでの結果としての道具であり、いわゆる「戦術」というう位置付けでした。現実的には研究ステージでは発明の権利化、産業ステージでは権利侵害とクロスライセンスというのが特許部門の役割でした。

一方、開発・事業化のステージにおける特許の役割は、これまで見えにくいものでした。現在では、ここの部分と特許以外の知的財産が事業の継続的展開のために重要となりました。すなわち、経営戦略を含めた各種戦略を並列に支えるものとして、知財の技術戦略の下部戦略からの脱却と統合化です。

各種戦略と知財マネジメントとの関係

より具体的に、それぞれの戦略と知財との関係について見ていくことにします。技術戦略では、差別化を生む研究や開発のテーマ選定がメインになります。しかし、共通基盤技術の選定やその育成、共同研究や共同開発展開は、今ではまさに知財マネジメントそのものであるといえます。

新規の事業戦略は、客先のニーズに対応した事業化テーマの選定と実行がメインになります。この時の製品や技術における知財面での自社の強みを明確にしていかないと、判断を誤ります。弱みはアライアンス形成で補いますが、この判断は自社と他社が持つ知財の将来における競争力の判断、すなわち知財マネジメント戦略に基づいて行ないます。

もともとあった基本的な特許の領域が開発や事業の進展に伴い、知財の将来価値として広がる様子を見ていくことも大切です。これを実行できるかどうかは、実は知財のリーダーが事業や技術の流れを充分に理解して、その先の手を打つことができるかにかかっています。

すなわち、知財戦略と事業化戦略がマッチしたマネジメントがあるかどうかは、企業の将来への重要な投資方針があるかないかということになります。

7-2 事業化に役立つ知的財産

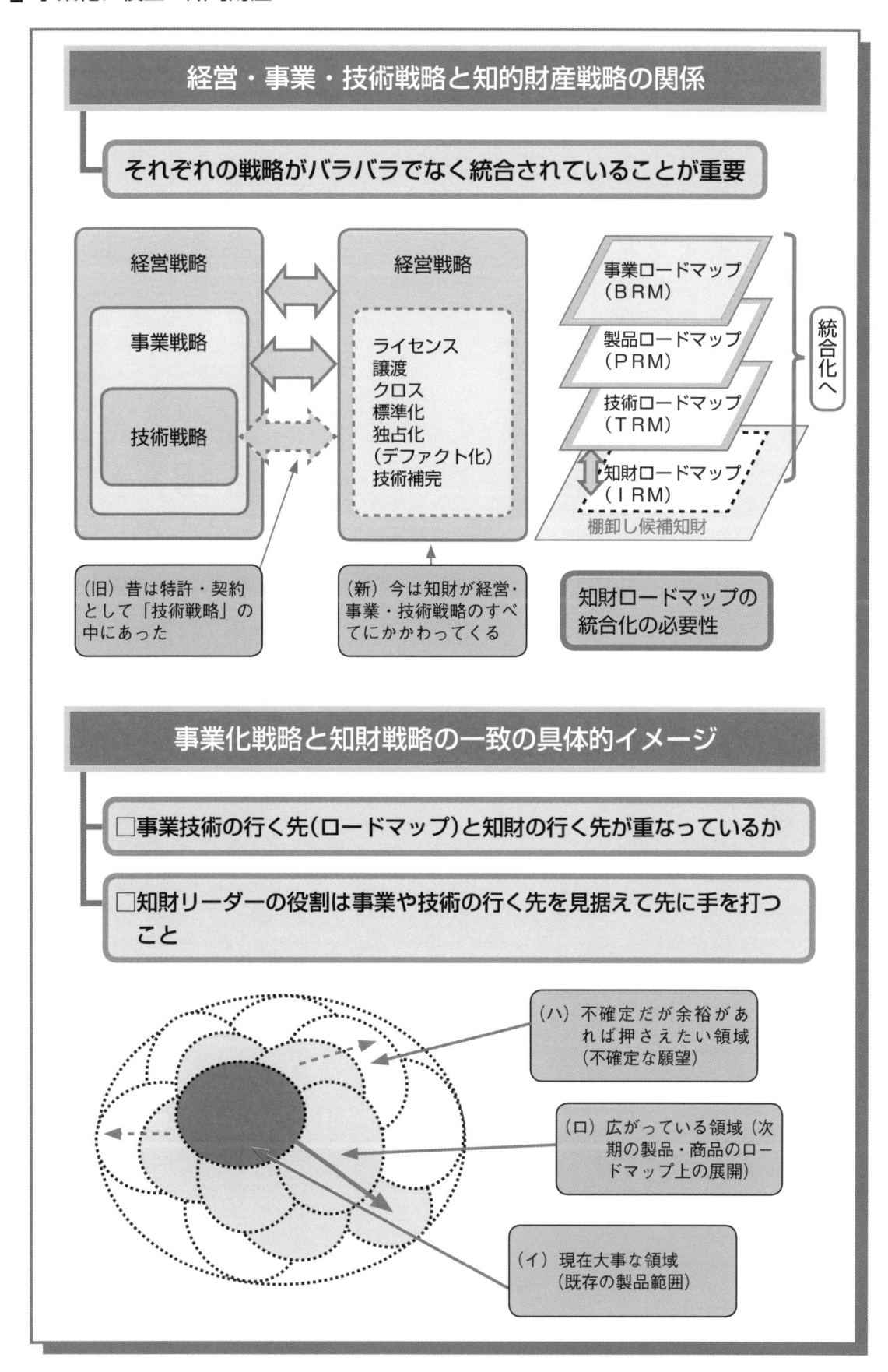

経営・事業・技術戦略と知的財産戦略の関係

それぞれの戦略がバラバラでなく統合されていることが重要

- 経営戦略
  - 事業戦略
    - 技術戦略
- 経営戦略
  - ライセンス
  - 譲渡
  - クロス
  - 標準化
  - 独占化
  - （デファクト化）
  - 技術補完

- 事業ロードマップ（BRM）
- 製品ロードマップ（PRM）
- 技術ロードマップ（TRM）
- 知財ロードマップ（IRM）

統合化へ

棚卸し候補知財

（旧）昔は特許・契約として「技術戦略」の中にあった

（新）今は知財が経営・事業・技術戦略のすべてにかかわってくる

知財ロードマップの統合化の必要性

事業化戦略と知財戦略の一致の具体的イメージ

☐ 事業技術の行く先(ロードマップ)と知財の行く先が重なっているか

☐ 知財リーダーの役割は事業や技術の行く先を見据えて先に手を打つこと

- （ハ）不確定だが余裕があれば押さえたい領域（不確定な願望）
- （ロ）広がっている領域（次期の製品・商品のロードマップ上の展開）
- （イ）現在大事な領域（既存の製品範囲）

CHAPTER 7 事業化に役立つ知財マネジメント

各事業化ステージでの知財の役割

開発ステージでの知財

開発ステージでは、製品を完成させるためにマネジャーのする仕事（マネジメント）はあくまでも収束型であって、発散型ではありません。もし発散させてしまうと、限られた期間内での製品開発が難しくなるからです。

しかし、開発ステージにおける知財マネジメントに関しての考え方は全く違います。ここのステージに出てきたアイデアは発散させてOKで、関連する周辺出願として押さえていくべきです。また、この段階で侵害関係を調査することも必要です。

すなわち、開発ステージでの知財の役割、知財実務は発散部分をフォローするものであるといってもよいでしょう。他社に先駆けて、この技術の発散を権利化することで、知財は開発のリスクヘッジとなると共に、継続的な開発アイテムを持った新規事業へと拡大再生産しうるベースとなるので

力な将来の関係を築く鍵となります。

事業化ステージでの知財

事業化ステージは顧客とやり取りして、製品を商品に仕上げるステージです。実際に事業化に乗り出してみると、自社だけではとてもコストダウンができそうにないとか、マーケットでの主要顧客へのアプローチが難しいとかいろいろなことが起こります。

また、アライアンスとして種々の提携先が出てくるステージでもあります。この時に獲得しているろいろな知財の質と量が、相手とのより強

製品を商品にするこの段階では、お客さんからいろいろなアイデアがいただける時期でもあります。これらを知財化してマーケットサイドの可能性を押さえていくことで、強い特許や知財に守られた、競争力のある事業化や産業化の展開が可能となるのです。

知財の価値にかかわる論点整理

これまでの説明から知財戦略、知財マネジメントというものは、これまでのように研究ステージや産業化ステージだけでなく、開発や事業化ステージでも重要になっ

てくることが理解していただけたと思います。

開発ステージや事業化ステージでの現実的な知財活動は、そう簡単ではありません。このステージでは、どんどん内容が変化していくため、知財関係者は外部に身を置くのではなく、プロジェクト内部にいて一緒に活動するのが基本となります。

開発ステージは開発ターゲットが明確になってきているわけですから、知財の潜在価値は研究ステージよりは実際上、格段に価値が上がります。それにビジネスプランや顧客がついてくるとその価値はさらに上がります。

一方、発明者側からいうと、発明した時の価値は無限の可能性を秘めているわけですが、ステージが事業化に移行することでターゲットが絞られます。

すなわち、その価値は逆に明確に（限定）されてくるというパラドックスを含んでいることも理解しておく必要があります。

86

7-3 各事業化ステージでの知財の役割

事業化への4つのステージでの知財戦略イメージ

研究と産業化ステージに偏っていた戦略立案から全ステージへ

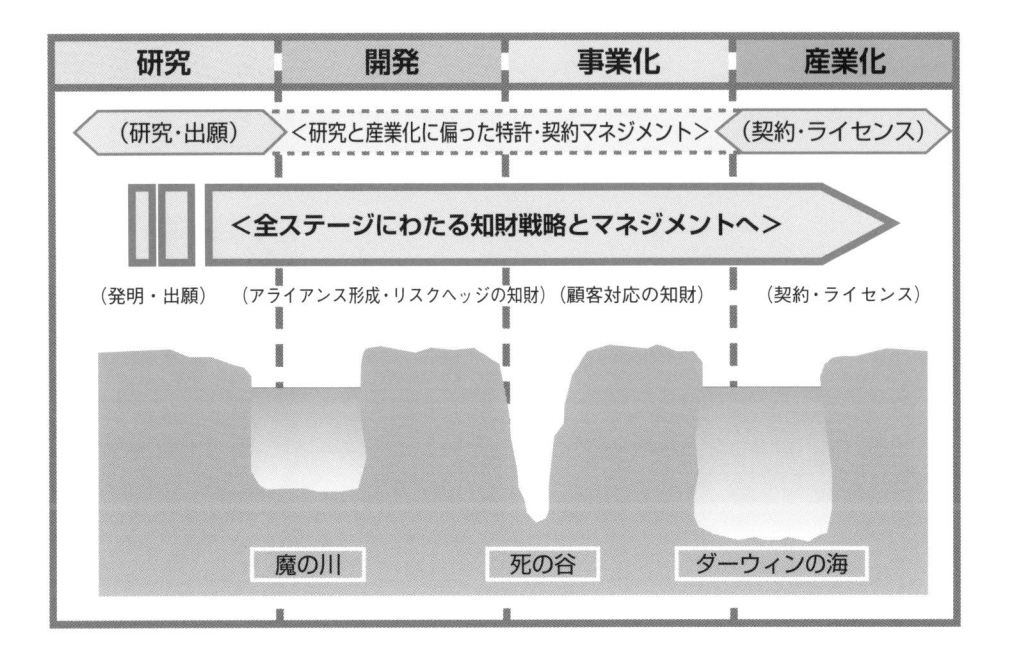

研究	開発	事業化	産業化

（研究・出願）〈研究と産業化に偏った特許・契約マネジメント〉（契約・ライセンス）

〈全ステージにわたる知財戦略とマネジメントへ〉

（発明・出願）　（アライアンス形成・リスクヘッジの知財）　（顧客対応の知財）　（契約・ライセンス）

魔の川　　死の谷　　ダーウィンの海

事業化への各ステージと実際の知財マネジメントのイメージ

開発・事業化ステージで次の手を確保することが最重要ポイント

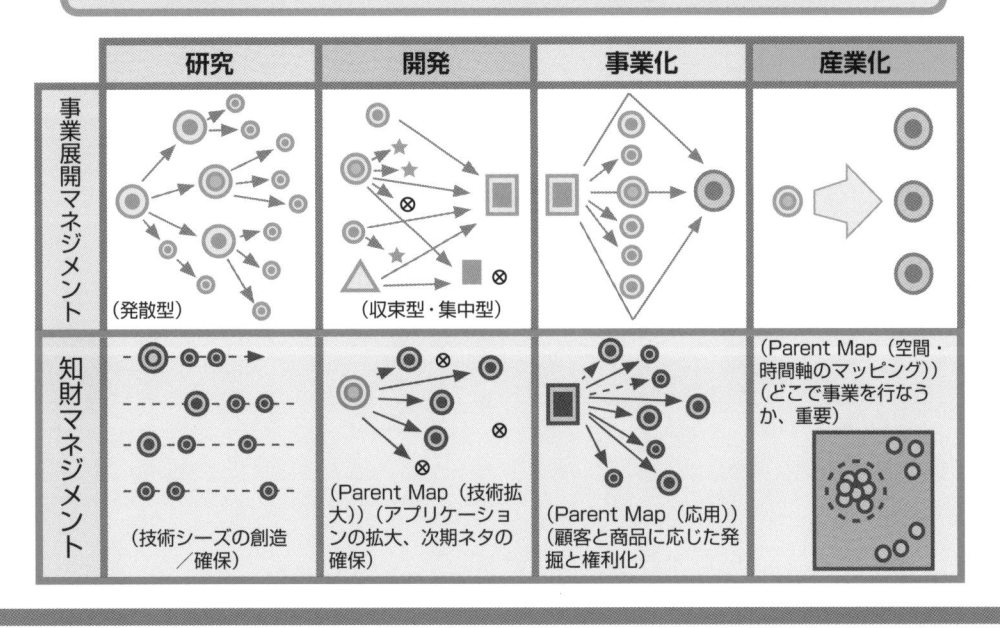

	研究	開発	事業化	産業化
事業展開マネジメント	（発散型）	（収束型・集中型）		
知財マネジメント	（技術シーズの創造／確保）	（Parent Map（技術拡大））（アプリケーションの拡大、次期ネタの確保）	（Parent Map（応用））（顧客と商品に応じた発掘と権利化）	（Parent Map（空間・時間軸のマッピング））（どこで事業を行なうか、重要）

CHAPTER 7 事業化に役立つ知財マネジメント

4 知財評価と成功する技術・知財移転とは

■ 知財評価の基本的な考え方

知的財産についての価値評価は一筋縄ではいきません。仮に開発ステージが完了し、製品ができたとしても、それが売れるかどうか、また利益を生むかどうかが不確定の状況では正確な値段などつけようがないといったところが正解です。

それでも、知財の権利はやはり財産・資産の1つですから、事業性の何らかの定量的な評価をしていくことになります。その評価のアプローチに特別なものがあるわけではありませんが、いろいろな仮定の上の計算を行なう方法が開発されています。

■ 具体的な知財評価法

無形資産の評価は、基本的に有形資産と同様のアプローチが必要です。しかし不確実性が高いので、出来るだけ複数の評価アプローチが必要です。例えば、①インカム（収入）アプローチ、②マーケット（市場）アプローチ、③コスト（費用）アプローチなどです。現実には、事業性が見えない中では③のコストアプローチが多いようです。

当たり前ですが、革新的な技術ほど将来価値は高いかもしれませんが、現在価値は低い場合が多いのです。これはビジネスが現在時点を基準に動いているからで、技術は製品や商品の価値に変化しなければビジネス上の価値はゼロに近いといってもよいのです。革新度の高い技術ほど、現在において価値を判断するのは難しくなります。発明されたばかりの特許の価値はどうでしょうか？ 発明者本人はもちろん経営者や金融系の方が一番知りたいところが、ここだと思います。

結論を先にいうと、よい方法はありません。当たるか当たらないかは「結果論」だということが多いのです。筆者がよく使うのは、「特許にも人生がある」「生まれたばかりの特許は赤ん坊」という例えです。実践MOT的には事業と一緒に歩まなければ知財はほとんど価値がないと言えます。

■ 技術と知財、コア技術と標準化

企業の技術がそのまま知財というわけではありません。技術とは、その企業において権利化されるかどうかは別にして、その中で権利化されている技術の範囲だけのものとなります。知財はその中で権利化されているものです。

ある製品を開発する場合には、製品のための技術が自社の知財権利範囲に完全に一致していればよいのですが、そうではない場合が多々あります。場合によっては他社の権利範囲を侵害している場合もあります。

このように技術と知財の関係については充分な事前検討が必要になります。このことをよく理解していないと知財（技術）の移転の際の障壁にもなります。

また、標準化の問題にふれてみましょう。コア技術を確保（＝知財化）しないで標準化に臨むと、単なる下請けとなります。コア技術の知財をベースに、いかに将来の事業コンセプトを描くかが標準化の成功と失敗の分かれ目となります。

7-4 知財評価と成功する技術・知財移転とは

具体的な知財評価のアプローチ

- インカム(収入)アプローチ：将来の事業価値の予測から
- マーケット(市場)アプローチ：類似品の市場規模、付加価値から
- コスト(費用)アプローチ：これまでにかけた費用の積算

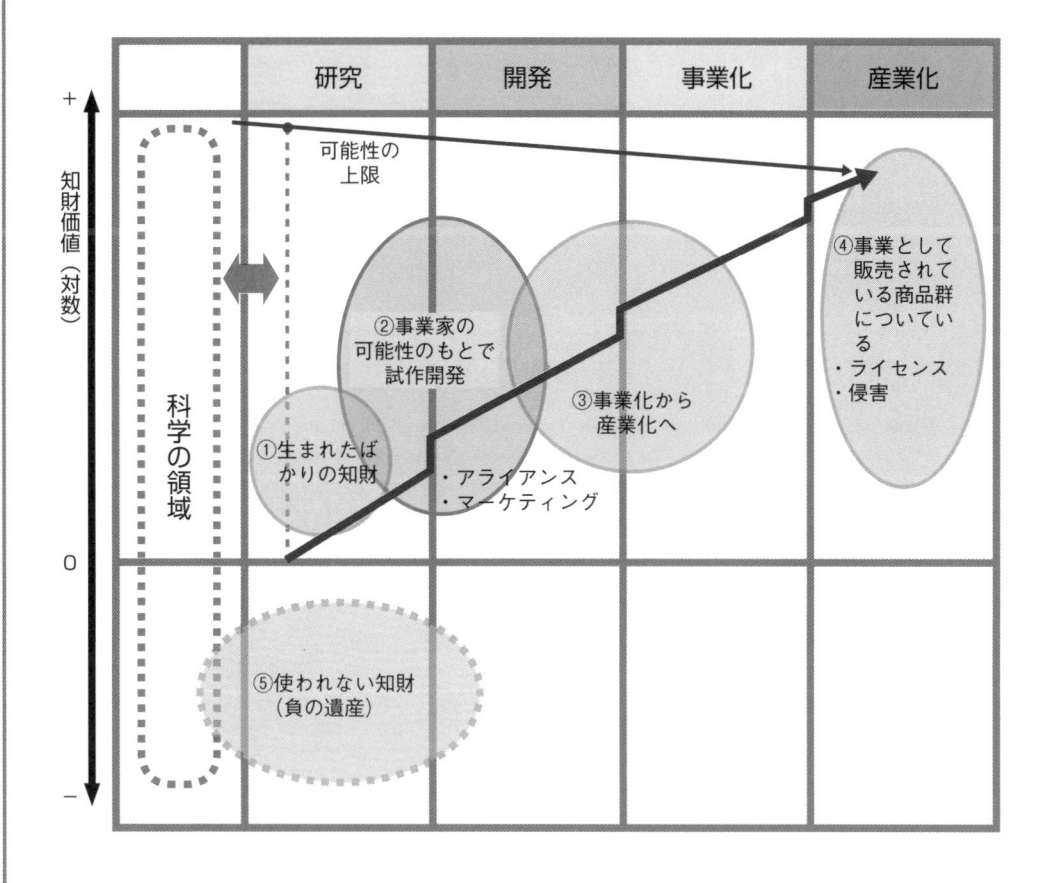

	研究	開発	事業化	産業化

知財価値（対数）

科学の領域

可能性の上限

① 生まれたばかりの知財

② 事業家の可能性のもとで試作開発

・アライアンス
・マーケティング

③ 事業化から産業化へ

④ 事業として販売されている商品群についている
・ライセンス
・侵害

⑤ 使われない知財（負の遺産）

- 事業化の先が見えない知財は、どんなに優れた技術でも事業上ではほとんど無価値となる

知財の権利範囲と技術との関係

実際の製品と知財の権利範囲は対応していない場合が多い

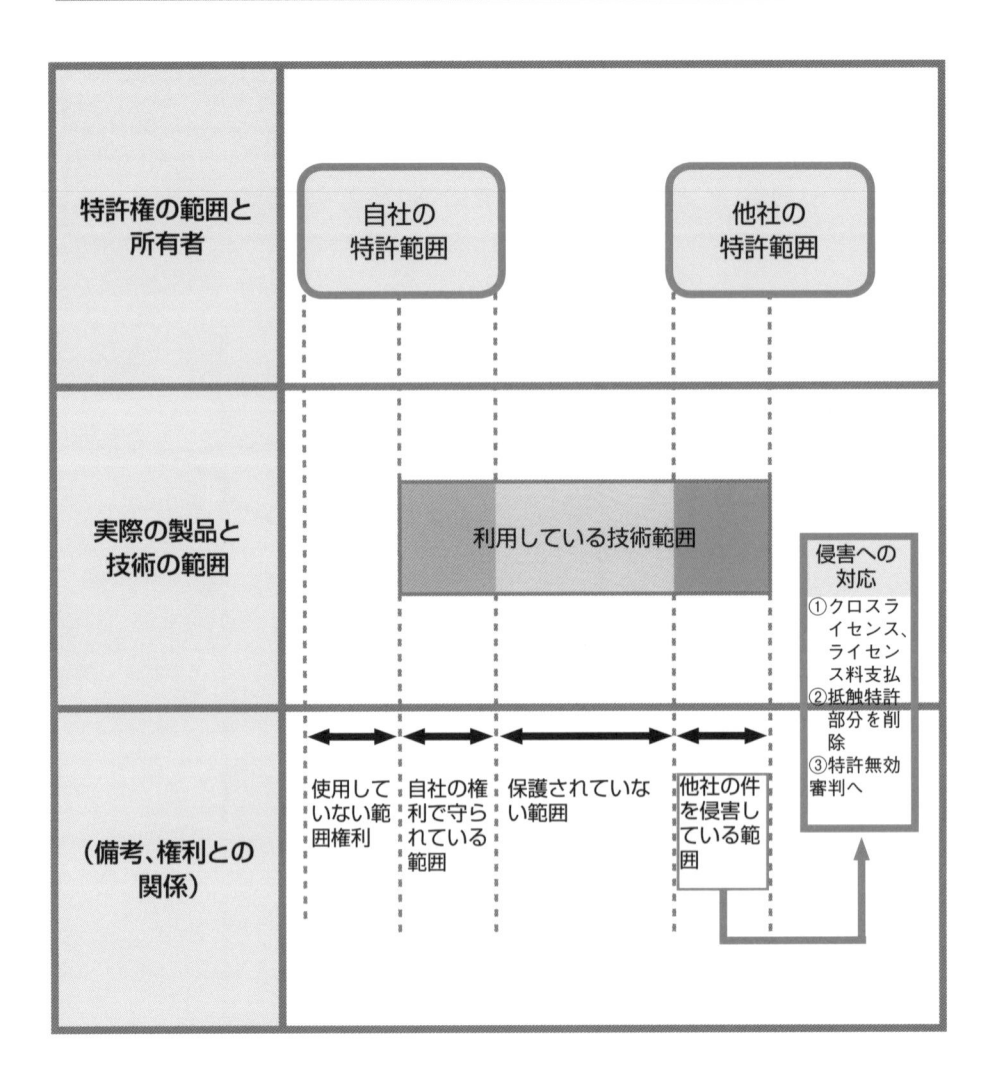

特許権の範囲と所有者	自社の特許範囲		他社の特許範囲	
実際の製品と技術の範囲		利用している技術範囲		侵害への対応 ①クロスライセンス、ライセンス料支払 ②抵触特許部分を削除 ③特許無効審判へ
（備考、権利との関係）	使用していない範囲権利	自社の権利で守られている範囲 / 保護されていない範囲	他社の件を侵害している範囲	

- 自社の特許だけで、製品をすべてカバーしている時代は終わっている

7-4 知財評価と成功する技術・知財移転とは

実践MOTでの知的財産の意味は事業化の早期成立

優位性・独占性からアライアンス形成による立ち上げに変化

①競争優位性：技術力の独占・差別化
- 知財の権利の深さ、広さ、他社への参入障壁
- 周辺を含めたクラスター性の確保が大切
- 技術優位性の確保

②事業の将来の成立：時間的な優位性
- 付加価値を第一としたマーケットへの早期展開
- 産業化（コスト、普及）の促進、ライセンス戦略
- 標準化戦略による、グループでの独占を狙う

③事業の早期立ち上げ：オープン・イノベーションの促進
- 開発・事業化の促進：アライアンス戦略の確保
- 将来の顧客価値へのアプローチ：時間軸の優先権の確保
- マーケットの方向性（ロードマップ）のカバー

- 知財の持つ未来の守りと攻めの二面性に着目してマネジメントするのが戦略的ポイント

Chapter 7のまとめと実践ワークシート

事業化に役立つ知財マネジメント、戦略

まとめ① 知的戦略マネジメントの基本とは

知的創造サイクル	⇔	モノ創りのバックボーン	⇔	事業化を速める知財
（創造、保護、活用）		（プロセスからプロダクトの保護へ）		（差別化からアライアンスへ）

実践ワークシート① 知財確保の意味と内容は理解されているか

- 知的創造サイクルは廻っているか：
- 特許が知財に変わった意味は：
- 知財はどのように事業化に関わるか：

まとめ② 事業化に役立つ知財戦略とは

経営・事業・技術戦略との統合	⇔	事業戦略とのベクトルの一致
（知財戦略との内容一致）		（知財戦略による事業の先読み）

実践ワークシート②

- 経営マネジメント層の知財意識は：
- 技術リーダーの知財への意識は：
- 知財リーダーは事業化の先読みができているか：

まとめ③ 知財が事業化への4つのステージでどのように役立つか

研究ステージ	⇔	開発・事業化ステージ	⇔	産業化ステージ
（発明出願）		（顧客側への知財とリスクヘッジ）		（契約・ライセンス）

実践ワークシート③ 開発・事業化ステージでの知財戦略は十分か

- 知財関係者は開発・事業化の意味を知っているか：
- 開発ステージでの知財マネジメントはされているか：
- 事業化ステージでの知財マネジメントはされているか：

まとめ④ 知財評価は事業性の認識と進捗から

知財への価値評価	⇔	技術と知財
（価値は事業性とのリンクから）		（権利範囲と使用範囲）

実践ワークシート④ 知財価値評価はどのように行なわれているか

- 知財の価値は事業性評価にリンクしているか：
- 製品の知財価値は明確か：
- 技術移転と知財移転の違いは明確か：

CHAPTER 8
事業構想による研究開発テーマの選び方と評価

　研究開発テーマや事業開発テーマを考える時に、前提条件として目的地（最終ターゲット）が明確になっていることが必要です。ところが往々にしてその目的地の設定作業が不明確で、再設定などの作業が必要な場合が多いのも事実です。ここではその点を事業構想の発想プロセスとして検討してみましょう。

　ここでは未来をベースにしたポートフォリオマップを作ることで、将来の事業性に関する分析、評価の現状と新しい方法を述べると共に研究開発、事業開発テーマ、評価とのかかわりを解説していきます。

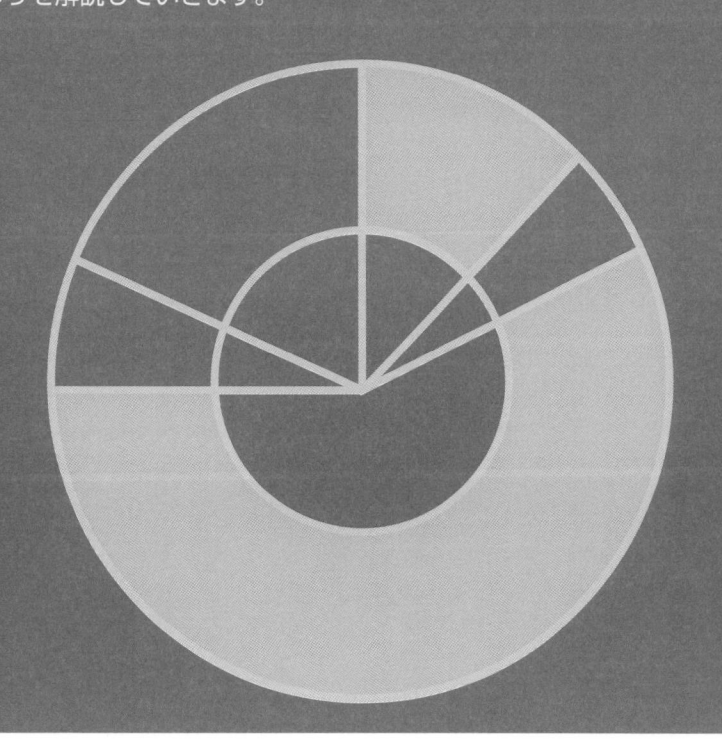

CHAPTER 8 事業構想による研究開発テーマの選び方と評価

1 技術・市場開発による事業構想とテーマ探索

事業構想立案の分類

将来の新事業ビジョンをどう設定するか、それが事業構想そのものです。理想は企業理念とか経営戦略という上位概念からスタートして、これまで蓄積してきた技術シーズ群とマッチングできるビジョンが生まれることです。

現実にはそう簡単ではなく、そうではないトレンドや夢などからも構想することが多いのです。このプロセスを分類すると、①上位概念からの発想、②トレンドや担当者の夢からの発想、③技術シーズ、市場ニーズからのテーマ提案などとなります。

ここでは事業化の構想力の方向性として、③のシーズ型とニーズ型からの事業構想についてまとめてみましょう。まずは顧客からの打診や提案からのテーマをもとに製品開発、商品開発を行なうというニーズ目的（スタート）型が存在します。

例としては、過去からの営業・この場合、技術シーズや、技術シーズ群とマッチングできるビジョンが生まれることです。

新技術からの商品構想への発想プロセス

マーケティング記録のサーチ（では見つからないという企業も実は多いのです。事業がルーチン化されてくると、自社の強みとしての（コア）技術がわかりにくくなってくるというわけです。その時は新技術または機能的な弱みを徹底的に追求し、そこを埋める方策を考えていくことで発想を広げます。

次にシーズ目的（スタート）型を説明しましょう。既に保持している尖った技術やコア技術をベースにして、自社の既存商品から新規の商品や製品への事業構想についてみると、マーケットニーズからの技術シーズ展開というフローになっています。これは、実はさきほどのニーズ目的からのフローをさかのぼっているのです。

技術シーズアプローチでも市場ニーズアプローチでも、最終的にはマーケット指向であることは同じです。あくまでも顧客が存在することを前提として、実際の技術と用途とのマッチングを検証することになります。

新規製品・サービスへの事業構想とその発想法のまとめ

以下に、そのステップ方法を述べていきます。

① コア技術としての、強みのある技術の仮の特定と差別化
② コア技術からの用途マップへのアイデア出しとマッチング
③ 製品・サービス別のカテゴリーマップへの業界別再整理
④ コア技術の製品開発、設計・製造プロセスなどの顧客価値の明確化

さらに次のステップは検証作業として、技術シーズを顧客視点でのベネフィットとすることが必要になります。

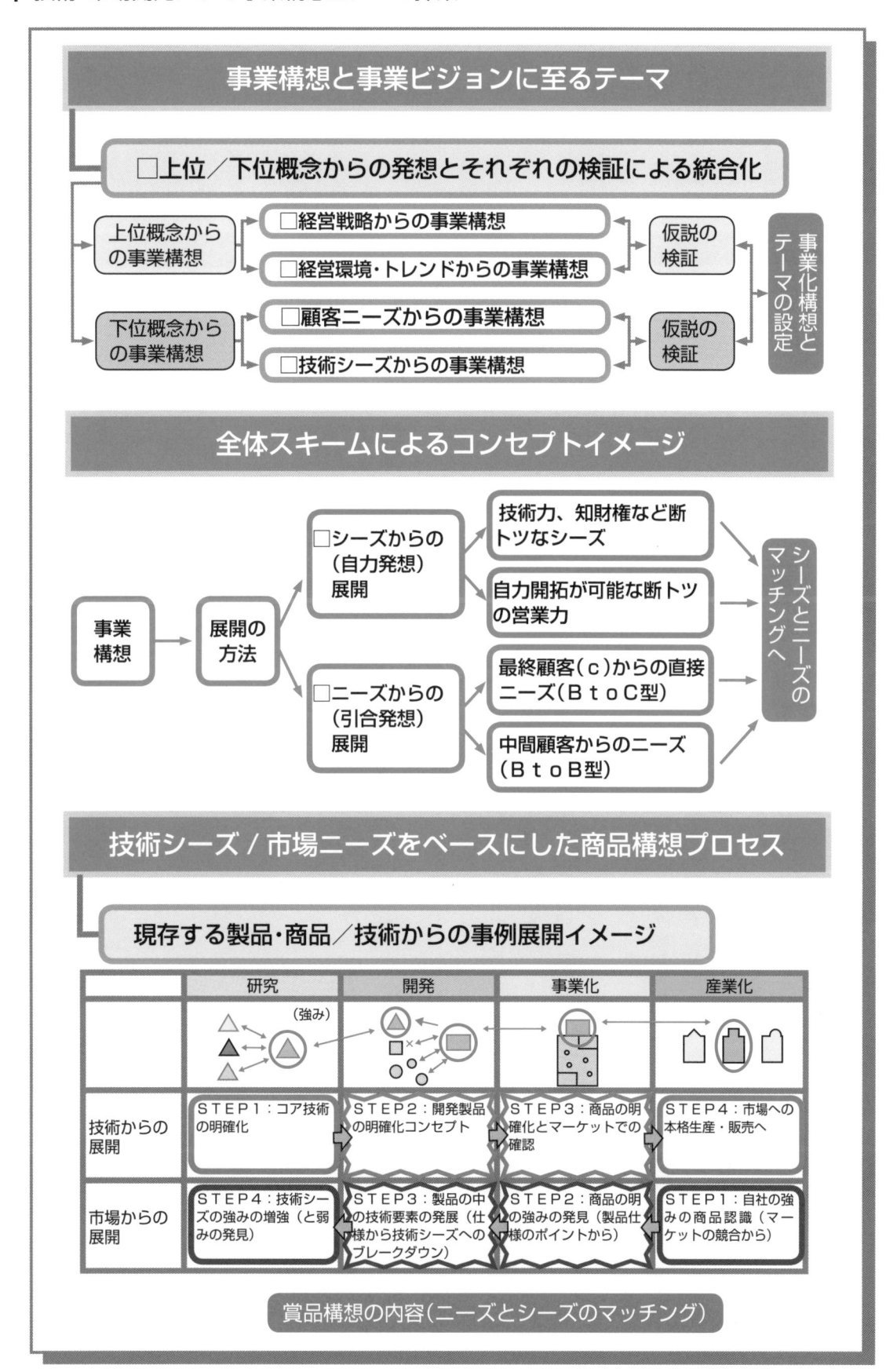

8-1 技術・市場開発による事業構想とテーマ探索

事業構想と事業ビジョンに至るテーマ

□上位／下位概念からの発想とそれぞれの検証による統合化

- 上位概念からの事業構想
  - □経営戦略からの事業構想
  - □経営環境・トレンドからの事業構想
  - → 仮説の検証
- 下位概念からの事業構想
  - □顧客ニーズからの事業構想
  - □技術シーズからの事業構想
  - → 仮説の検証

→ 事業化構想とテーマの設定

全体スキームによるコンセプトイメージ

事業構想 → 展開の方法
- □シーズからの（自力発想）展開
  - 技術力、知財権など断トツなシーズ
  - 自力開拓が可能な断トツの営業力
- □ニーズからの（引合発想）展開
  - 最終顧客(c)からの直接ニーズ（BtoC型）
  - 中間顧客からのニーズ（BtoB型）

→ シーズとニーズのマッチングへ

技術シーズ／市場ニーズをベースにした商品構想プロセス

現存する製品・商品／技術からの事例展開イメージ

	研究	開発	事業化	産業化
技術からの展開	STEP1：コア技術の明確化	STEP2：開発製品の明確化コンセプト	STEP3：商品の明確化とマーケットでの確認	STEP4：市場への本格生産・販売へ
市場からの展開	STEP4：技術シーズの強みの増強（と弱みの発見）	STEP3：製品の中の技術要素の発展（仕様から技術シーズへのブレークダウン）	STEP2：商品の明の強みの発見（製品仕様のポイントから）	STEP1：自社の強みの商品認識（マーケットの競合から）

賞品構想の内容（ニーズとシーズのマッチング）

CHAPTER 8 事業構想による 研究開発テーマの選び方と評価戦略

2 研究開発テーマをどのように設定し事業性を評価したらいいか

研究開発テーマの目的と成果評価

研究開発テーマを選ぶ時に大切になるのは、もともと何のための研究開発かという観点です。このようなテーマ選定の時に「シーズ展開」か「ニーズ展開」ということで迷うことがあります。

企業における研究開発を目指す場合は、全てマーケット目的になると考えるほうがよいでしょう。ニーズ展開であっても、アプローチとして中長期的に先が見えないときはシーズアプローチとなり、短中期的に見える時はニーズアプローチとなるという違いだけです。企業における研究開発は、顧客視点での目的と評価手法がマッチングしていないと事業性評価の意味はなくなります。

技術シーズからの事業構想の課題とプロセス

コア技術とそれをベースにした事業展開とのマッチングを行なうプロセスのイメージを具体的に考えましょう。これは技術シーズをもとにした用途開発、すなわち製品イメージとコア技術との関連付けを行なうイメージです。

コア技術を真ん中に描いて、その周りに思いつく限りの用途をイメージして描いていくことが第一歩です。いわゆる製品・サービスは具体化させながら、できるだけワクを拡げて発想を伸ばすことが必要です。

この作業によって技術と用途のダイレクトな関連があることが明確になっていくところがイメージできると思います。

テーマの事業性評価とステージゲート法

テーマの事業性評価については技術と市場からだけでなく、資金では事業戦略（事業ロードマップ）の中での技術や開発テーマの位置づけがますます重要になっています。

ロードマップは4つのステージを用いてその進捗を時間軸で表わす方法が基軸ですが、その評価に使われるステージゲート法は、そのステージの出口ごとにマーケットとのつながりを判定するゲートが設けられていると考えるとわかりやすいと思います。

この方法は研究開発進捗の事業性の検証作業として、ゲートをマイルストンとして用いると相性がよいのです。まずは研究開発者が技術だけでなくマーケットに対しても自立・自律的な発想が必要です。また、マネジメント側にもそれなりの、マーケットベースの判断能力が要求されることがポイントです。

一方では技術・マーケットが不確定なときに、とりあえず早くスタート可能で研究開発者の満足度も高く、ゲートの設定の仕方も各社・業界の実態で自由で、基本ラインもあり考えやすいところが利点です。

一方では、商品開発テーマなので、基盤的、要素的、基礎的テーマへの適用はできないのです。そこでは、テーマを絞るゲートキーパーのマーケットセンスとフレキシビリティがすべてを決めていくので、マイルストンには明確な顧客視点での指標が必要です。

8-2 研究開発テーマをどのように設定し事業性を評価したらいいか

技術シーズからの商品(用途)イメージ創出方法

コア技術からの用途イメージの展開フォーマット例

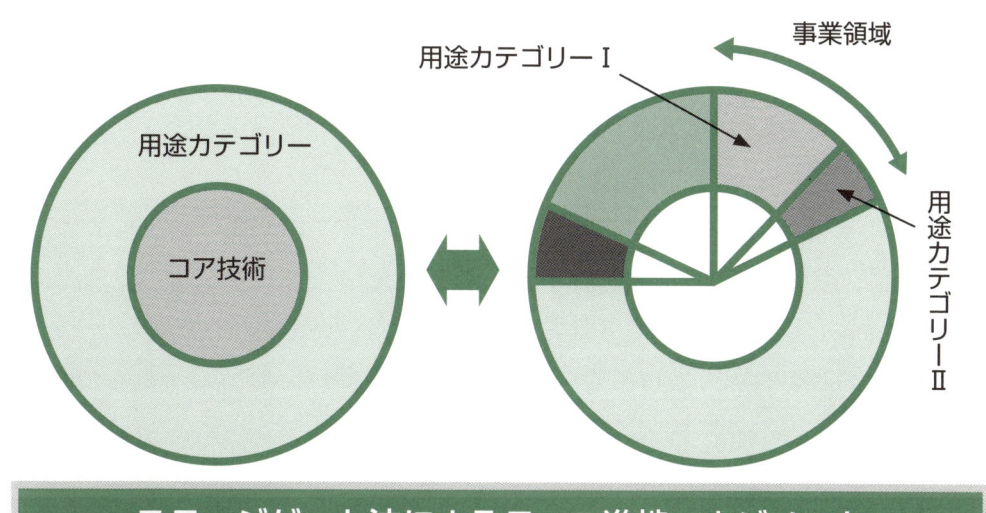

- 用途カテゴリー
- コア技術
- 事業領域
- 用途カテゴリーⅠ
- 用途カテゴリーⅡ

ステージゲート法によるテーマ進捗マネジメント

□ゲートの判定はマーケットと技術のマッチングより

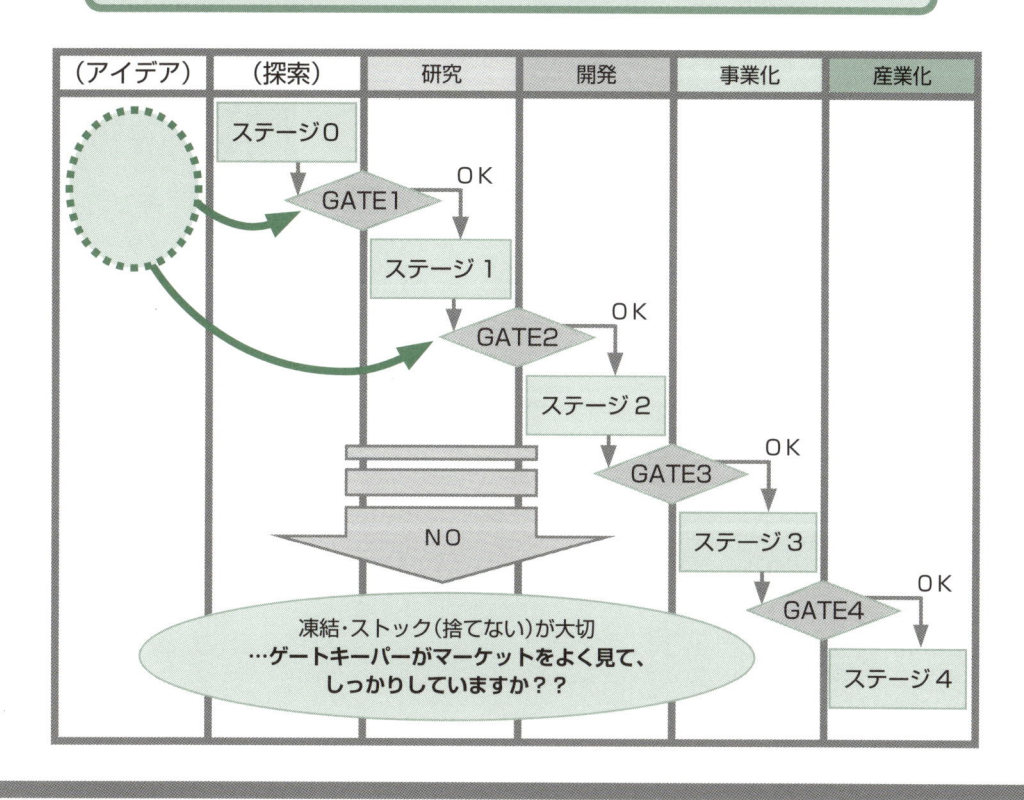

(アイデア) / (探索) / 研究 / 開発 / 事業化 / 産業化

ステージ0 → GATE1 →OK→ ステージ1 → GATE2 →OK→ ステージ2 → GATE3 →OK→ ステージ3 → GATE4 →OK→ ステージ4

NO

凍結・ストック(捨てない)が大切
…ゲートキーパーがマーケットをよく見て、
しっかりしていますか？？

CHAPTER 8 事業構想による研究開発テーマの選び方と評価戦略

各種事業性評価とポートフォリオによるプロセス

研究開発テーマの事業性評価方法

これまで研究開発テーマや成果の事業性評価については、さまざまの手法が発表されてきました。

この中で特にテーマの事業性評価については、未成の成果を予測して評価するという不確実性を評価していく困難性を伴うため、決定的であるという方法論は存在していません。

ここでは、各種事業性評価と戦略的な分析・評価法の中で実践MOTで使えるものを紹介しましょう。一般にはポートフォリオ法とよばれるものがよく用いられます。

ポートフォリオの意味と内容：軸の選択とポジショニング

未来をベースにしたポートフォリオマップについて、分析、評価の現状と新しい方法を述べると共に、ロードマップとのかかわりを解説していきます。

現在の相対的な位置づけ（ポジション）と将来ビジョンを明確にするためのマップとしては、従来からPPM（プロダクトポートフォリオマップ）、SWOT（強み、弱み、機会、脅威）など多くの評価・分析法があります。

これらはもともと事業の競争力を評価してきたもので、現時点の比較をする上では多いに役に立ちます。

そこでは事業ポートフォリオから技術ポートフォリオへの移行や統合化、絞込みの時には、相対的位置付けによりビジョンの構築と検証（空間軸）が利用できます。

また、事業を技術に統合化しマイルストンの構築と検証（時間軸）を行なう時間軸を取り入れるという考えを、ポートフォリオの中で活用することも可能となります。

ポートフォリオと研究開発のマネジメント

研究開発テーマを事業のポートフォリオマネジメントと関連づけて考えることで、企業の経営層とのコミュニケーションが可能になります。

すなわち研究開発者側においても積極的にこのようなポートフォリオを用いて、研究開発テーマの未来の事業的位置付けや意味をアピールすることが重要となってきています。

ポートフォリオでよく使われるのは2軸の分布図ですが、それ以外にもさまざまな図式での表現方法が提案されています。たとえば円グラフ分析とか複合的分析法等です。それぞれ特徴があり、用いる目的（用途）に応じたパターンと使い方があります。

まとめると、ポートフォリオは、複数のロードマップにおける、ある時点（たとえば10年後の未来）での相対的な比較が可能となります。

すなわち、ポートフォリオとは、研究開発テーマが企業の将来のビジョンやターゲットとどう関わるかの方向性の分析手法です。逆にマネジメントツールとして未来のある時点での目標値（マイルストン）を明確にすることで、相対的に可視化できる、経営者とのコミュニケーション上、大変重要なマップであるといえます。

8-3 各種事業性評価とポートフォリオによるプロセス

ポートフォリオ分析によるテーマ評価

□ロードマップは時間軸を示すものであるが、ポートフォリはある時点の空間軸を示すマップである

	位置づけ	方法の例	目的
ポートフォリオ	ポートフォリオとは現在の位置づけ（ポジション）とビジョンを明確にするためのマップ	例：ＰＰＭ（プロダクトポートフォリオマップ）、ＳＷＯＴ（強み、弱み、機械、脅威）	空間的に相対的なポジショニングを可視化することで経営的判断とマネジメントを行ないやすくする
ロードマップ	ロードマップとはビジョンやターゲットに至る方向性とその目標値（マイルストン）を明確にするためのマップ	例：事業ロードマップ（ビジネスプラン）、技術ロードマップ	時系列的に相対的なポジショニングを可視化することで経営的判断とマネジメントを行ないやすくする

ポートフォリオ分析による戦略表現イメージ

□単なるポジショニングではなく動きのある表示がポイント

□軸をどのように使うかで作成者の意図を示すことができる

□経営者による意思決定が可視化され共有化されやすくなる

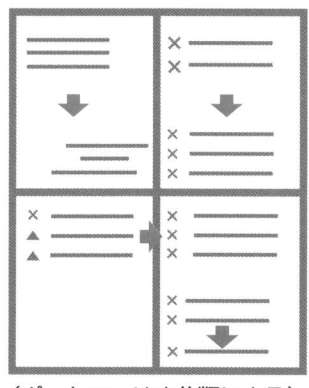

（ポートフォリオ分類による） 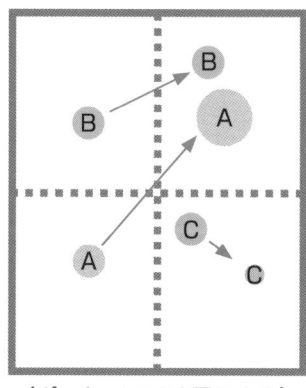　（ポートフォリオ図による） 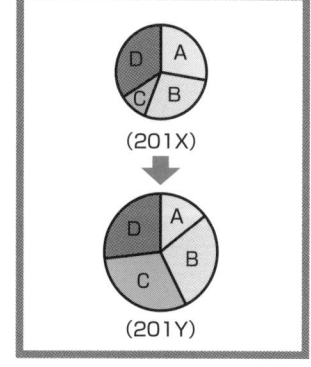　（円グラフによるポートフォリオ表示）

CHAPTER 8 事業構想による研究開発テーマの選び方と評価戦略

4 新しい事業戦略マップ（TIG法）によるポートフォリオ

事業性を評価する戦略マップ（TIG法）の概要と活用

事業の視点で研究開発や知財、新規事業テーマの有効性や進捗度などを可視化することは重要です。実践MOT（技術経営）における事業化戦略の可視化に役立てるためのマネジメント・ツール（ポートフォリオ型の評価・分析手法）が、筆者らが開発した事業戦略マップ（TIG法）と呼ばれるものです。

このマップはいくつもの実践事例を経て現場で役立ってきており、参考としてその概念と事例の一部を紹介します。

そのポイントは、研究、開発テーマや製品・商品の開発プロジェクトを戦略的な事業化の実現可能性で判断し、相対的に可視化する方法です。すなわち各種のテーマを絞り込む手法で、技術軸を一義的に使わない手法となります。戦略的に整理するとは、経営上の資源の優先順づけ、再配置など未来ベースで検討可能なように可視化することです。このため経営層などが技術の詳細について判断ができなくても、事業の将来とマーケットの立ち上がり状況をにらんだ軸でポートフォリオ的な戦略議論が可能となります。

▼各種研究開発テーマの事業化可能性と時期、事業サイズの明確化…電機メーカー他多数
▼マーケットに対する用途展開可能性評価と研究開発のテーマの効率的絞り込み（リソースの戦略的再配分）…機械系メーカー他
▼ロードマップ、ビジネスプランのマイルストン時点での中間評価の明確化（ターゲット、マイルストン）…化学系部材メーカー他

その成果は直接の効果以外にも担当者、経営マネジメント、企画管理などの相互理解とポジショニングの共有化、協力体制構築にあります。

事業戦略マップ（TIG法）の活用事例

具体的に使用する2つの軸については「市場への軸」キャズム理論との対応）と「事業への軸」（MOTステージとの対応）を採用しており、次のような事例が参考になります。

事業戦略マップ（TIG法）に使用する図

TIG法では4つのマップを使いわけますが、基本になるのは「Xマップ」「Aマップ」と呼んでいるポジショニングマップとなります。

まずはXマップの作成がスタート地点になります。事業化ステージとマーケットステージの2つの軸を平行において相対的な位置関係を軸として示した基本マップです。

Aマップとしては、2つの軸でポートフォリオ化して、さらに市場規模と売上目標規模を明確化し、経営戦略の方向性を可視化できる戦略マップになります。

一方Bマップとして技術関係の困難度（＋差別化）をY軸にしたもの、Cマップとして営業関係の困難度（＋差別化）をY軸にしたものもあり、必要に応じて使用していきます。

8-4 新しい事業戦略マップ(TIG法)によるポートフォリオ

ＴＩＧ法に使用するマップの内容

主要マップ(X、A)のアウトプットイメージ

(Xマップ)
(X軸：マーケットの成熟度→)

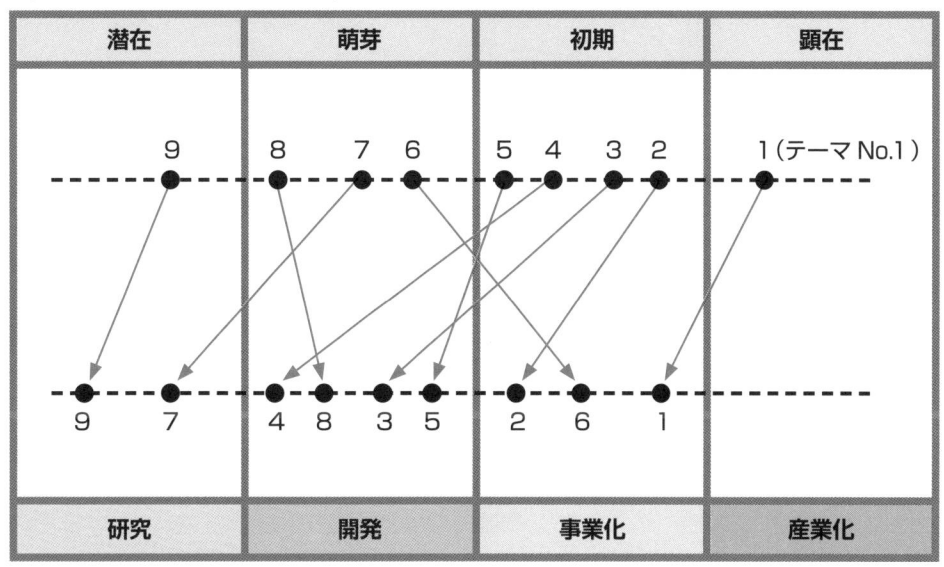

潜在	萌芽	初期	顕在
9	8　7　6	5　4　3　2	1(テーマNo.1)
9　7	4　8　3　5	2　6　1	
研究	開発	事業化	産業化

(Y軸：事業の推移度→)

(Xマップ)

(円の大きさはマーケット規模)

(Y軸)

	顕在	初期	萌芽	潜在
研究			7	9
開発		3　4　5	8	
事業化	1	2	6	
産業化				

←マーケットの成熟度　　　　　　　　(X軸)

事業の進捗度↓

ＴＩＧ法に使用するマップの内容

コア技術とその確保の範囲の基本フォーマット図

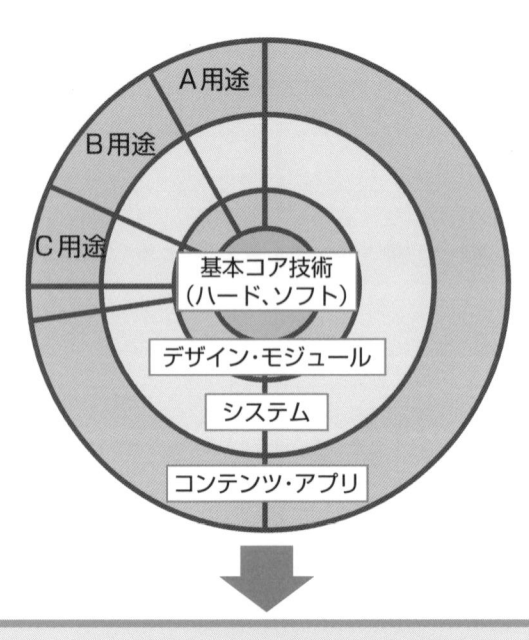

- A用途
- B用途
- C用途
- 基本コア技術（ハード、ソフト）
- デザイン・モジュール
- システム
- コンテンツ・アプリ

（作成例）ある時点の技術と用途の可能性を示したもの

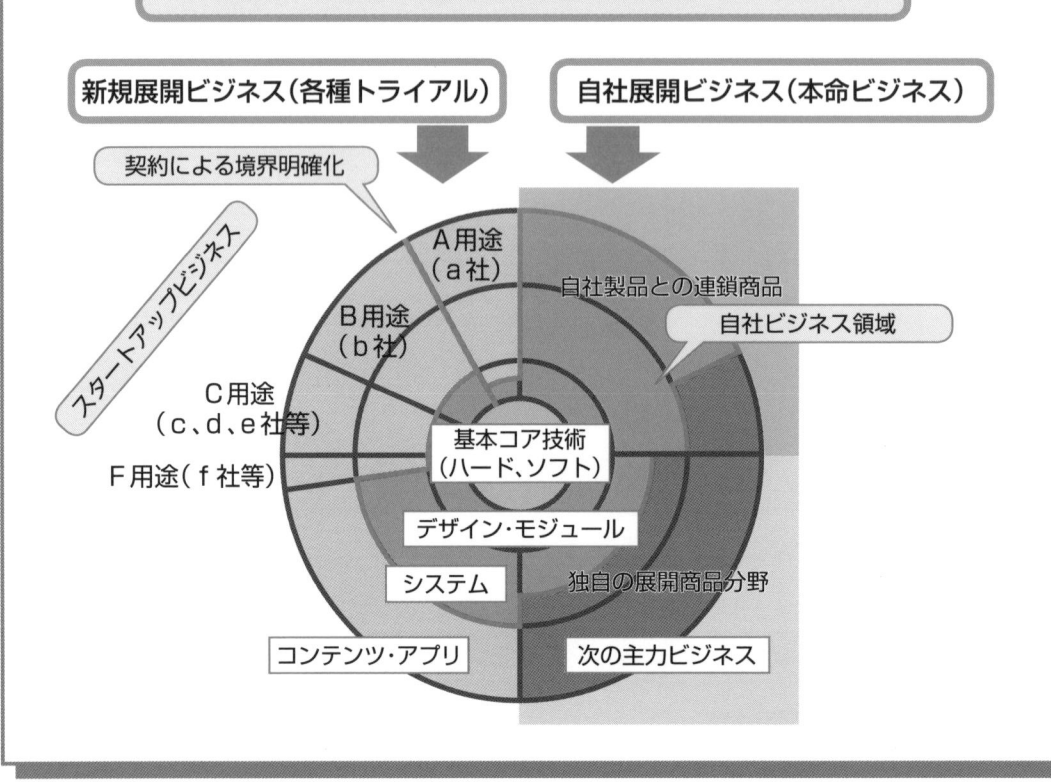

新規展開ビジネス（各種トライアル） ／ 自社展開ビジネス（本命ビジネス）

- 契約による境界明確化
- スタートアップビジネス
- A用途（ａ社）
- B用途（ｂ社）
- C用途（ｃ、ｄ、ｅ社等）
- F用途（ｆ社等）
- 基本コア技術（ハード、ソフト）
- デザイン・モジュール
- システム
- コンテンツ・アプリ
- 自社製品との連鎖商品
- 自社ビジネス領域
- 独自の展開商品分野
- 次の主力ビジネス

Chapter 8のまとめと実践ワークシート

事業構想による研究開発テーマの選び方の評価

まとめ① 事業構想プロセスとテーマ探索

上位概念から	⟷	下位概念から
(経営戦略、環境トレンドから)		(技術シーズ、市場ニーズから)

実践ワークシート① 事業構想のルーツは何か？次の展開を探る
- 事業環境・トレンドとのマッチングは：
- 技術シーズとのマッチングは：
- 市場ニーズとのマッチングは：

まとめ② 研究開発テーマの分類と進捗マネジメント

企業のR＆Dテーマとは	⟷	どのように評価するか
(事業化を目指すものと基盤・基盤のもの)		(事業化を目指すR＆Dテーマはステージゲート評価)

実践ワークシート②
- R＆Dテーマの目的は明確か：
- どのステージにいるか明確か：
- マイルストンのゲートキーパーは適任か：

まとめ③ 各種の事業性評価とポートフォリオ分析事例

表での文章表示	⟷	ポートフォリオ図示	⟷	円グラフで図示
(定性的な表示)		(一般的表示)		(軸は限られる)

実践ワークシート③
- 何のための事業評価か：
- ポジショニングの軸は決まっているか：
- ポートフォリオを使って何を示したいか：

まとめ④ TIGによる多数テーマの事業戦略評価の可視化

事業の進展軸 ─── 市場の成熟軸

経営、事業、営業、技術関係者がポジショニングを共有化

実践ワークシート④
- 評価者が議論できる軸は何か：
- 事業性の評価と市場の評価基準は：
- 戦略性議論の可視化は十分か：

CHAPTER 9
未来を共有できるロードマップ、ビジネスプラン

　MOTの大きな役割の1つが、新事業につなげるための研究・開発の戦略立案です。特に近年では、不確定な戦略的目標を達成するために、目的地とそこに至るプロセスを明確に示すロードマップが必要になってきています。
　特に技術ロードマップは技術者だけの完成度の道しるべではなく、マーケットの動きを反映したものとして会社の経営陣と共有するという大きな意味を持っています。
　本章においてはロードマップ及びビジネスプランつくりの内容と、マイルストン設定等を用いてビジネスの未来の全体像をつかみ技術のマネジメントに役立てることを検討します。

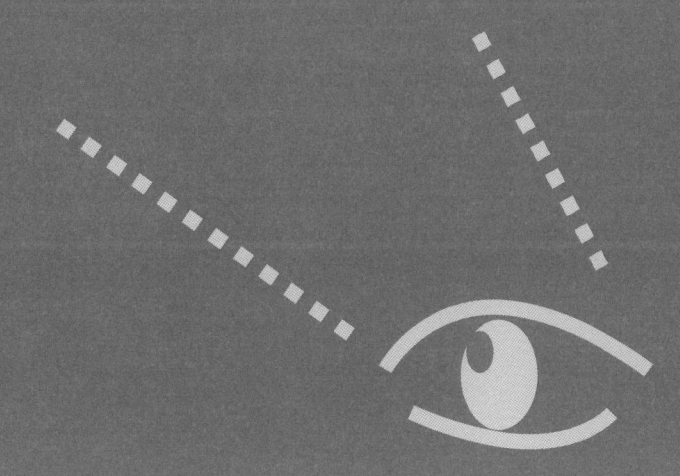

CHAPTER 9 未来を共有できるロードマップ、ビジネスプラン

1 未来の捉え方とロードマップの考え方

未来への道を共有化する

プロダクト型のイノベーションが顧客価値獲得に必須の時代では、技術ロードマップをいかに事業戦略と結びつけ可視化するかがポイントとなります。企業ではいくつものロードマップがいろいろな立場で作られています。

特に先行きが不透明な時のロードマップというのは、将来を見ることができる魔法のツールに見えることがあります。

ロードマップの議論をする時に大切なのは、言うまでもなく未来の見え方に対する視点と目的地（ターゲット）と現在地を共有化させることです。

これが往々にして人によって異なることがあり、要注意です。未来の見え方への期待はいろいろありますが、ロードマップでは未来起点での仮説構築による推定と計画つくりが求められています。

ロードマップの位置付けと道路地図との違い

道路地図は現実のマップとして目的地やルートのデータ（経験値）が存在しますが、ロードマップはそこに仮説のデータを加える必要があります。すなわちデータがない（役立たない）不確定・不連続なフィールドでの道しるべとなり、これがロードマップを「未来から見たマネジメントマップ」とも呼ぶ理由の1つです。

まずは自らの立ち位置と今後の方向性を分析し、課題を抽出するロードマップ作成か（誰のための何のためのものか）という点を明確にしてかけます。構想法をはじめいろいろな方法論を方法としては、すでに述べた事業起点での仮説構築による推定と計画つくりが求められています。

ロードマップの策定ステップ

ロードマップの現実的な策定、すなわち仮説の構築作業の内容について、そのステップをまとめてみましょう。まずはロードマップ作成か（誰のための何のためのものか）という点を明確にしてかけます。

最終的には、ロードマップはギャップを埋めるためのアクションプラン作成・実行につなげていくものです。

があります。

特に実践MOTで重要な、事業に役立つ技術ロードマップをつくるための手段として、まずはビジョン創りです。上位概念（経営戦略や事業戦略）からや、技術シーズや市場ニーズから導き出す方法が主流です。

「未来」の設定そのものとなりますので、その未来についてのコンセンサスは、企業の場合には経営、事業担当者、技術者で充分コミュニケーションを行ない共有することが大切です。

その時、最も有効な方法論が「ロードマッピング」です。これは着実な仮説構築によって未来の世界を作るロードマップつくりそのものです。

ら、内容を具体化していくことが重要です。

このプロセスには通常5つのステップがあり、最終的にロードマップができれば、ロードマップ実現のためのアクションプラン作成と実行に移ることができます。

特に重要なのは行き先の設定です。先が見えなくて不安な製造業の場合は、不安を希望の未来にするという観点が大切です。これは「未来」の設定そのものとなります。

9-1 未来の捉え方とロードマップの考え方

ロードマップ作成におけるビジョンとポジショニングの設定

コア技術からの用途イメージの展開フォーマット例

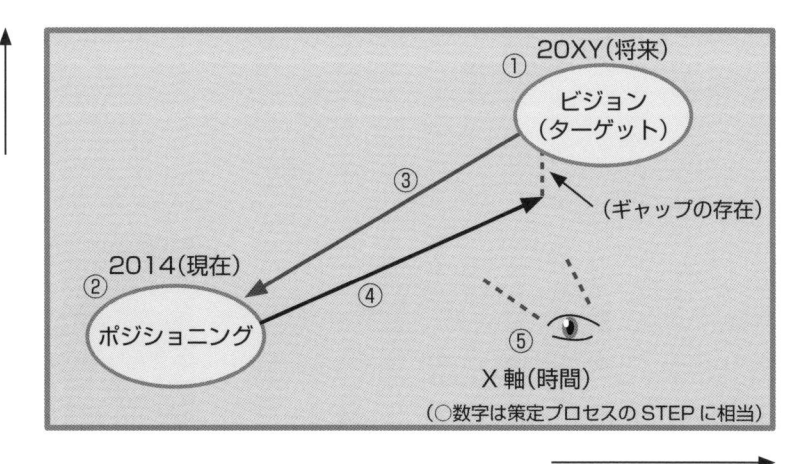

```
Y軸（目標因子）
                          ① 20XY（将来）
                             ビジョン
                            （ターゲット）
                    ③        ↑
                             （ギャップの存在）
    2014（現在）
    ② ポジショニング  ④
                         ⑤ 👁
                         X軸（時間）
              （○数字は策定プロセスのSTEPに相当）
                                    X軸（時間）→
```

ロードマップの具体的な策定プロセス

ロードマップはスケジュール表（アクションプラン）とは異なることに注意

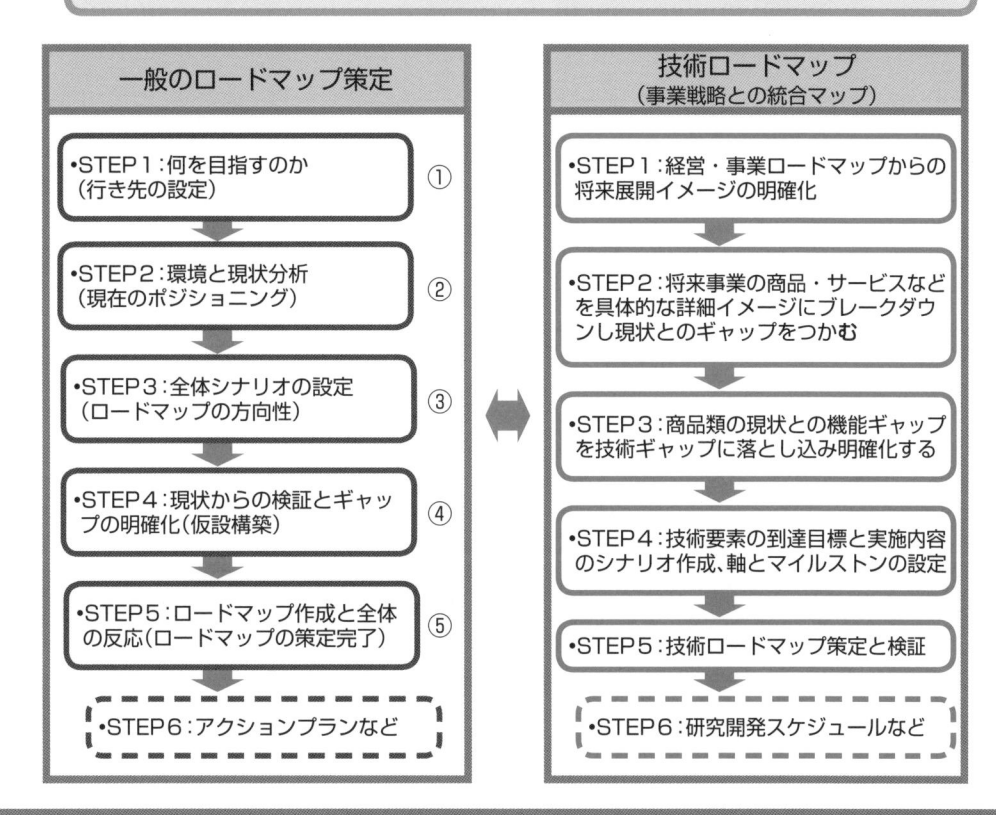

一般のロードマップ策定		技術ロードマップ（事業戦略との統合マップ）
・STEP1：何を目指すのか（行き先の設定） ①		・STEP1：経営・事業ロードマップからの将来展開イメージの明確化
↓		↓
・STEP2：環境と現状分析（現在のポジショニング） ②		・STEP2：将来事業の商品・サービスなどを具体的な詳細イメージにブレークダウンし現状とのギャップをつかむ
↓		↓
・STEP3：全体シナリオの設定（ロードマップの方向性） ③	⇔	・STEP3：商品類の現状との機能ギャップを技術ギャップに落とし込み明確化する
↓		↓
・STEP4：現状からの検証とギャップの明確化（仮説構築） ④		・STEP4：技術要素の到達目標と実施内容のシナリオ作成、軸とマイルストンの設定
↓		↓
・STEP5：ロードマップ作成と全体の反応（ロードマップの策定完了） ⑤		・STEP5：技術ロードマップ策定と検証
↓		↓
・STEP6：アクションプランなど		・STEP6：研究開発スケジュールなど

CHAPTER 9 未来を共有できるロードマップ、ビジネスプラン

2 統合化した技術ロードマップの必要性

ロードマップの必要性と戦略の統合

先が見えない不確定性の中で、新しい付加価値製品の創出のための現実的な方法論として、多くの会社ではすでにロードマップが策定されています。

その中で、技術ロードマップ作成による研究開発と事業化の戦略統合の目的は、技術とマーケットをつないで顧客価値を創造する作業ともいえます。

このためには技術レベルだけではなく、製品レベル、事業レベルとのマッチングが必要です。事業ロードマップ（BRM）および製品ロードマップ（PRM）と技術ロードマップ（TRM）の関連性を明確にして統合化することが求められます。

統合ロードマップはコミュニケーションのツール

技術ロードマップの重要な活用の1つが経営・事業部門と技術部門の「意思疎通のツール」ですが、特に研究開発部門として以下のような役割が期待されています。

① 経営、営業、顧客などとの意思疎通ツール
② 技術部門内部の意思疎通ツール
③ 研究開発のテーマのリソース配分のためのツール

このためにロードマップの基本構成は、市場、製品、技術の相互につながりがある有機的な構造になっているのが望ましいのです。

国レベルのロードマップの活用

2000年代に入ってから、国レベルの技術ロードマップ作成も国の科学技術関係予算の使い方の道しるべとして活発に作成されることになりました。例えば特許庁『特許出願技術動向調査』、経産省『技術戦略マップ2010』の2つは詳細な技術情報が応用分野とともに記述されており、企業のロードマップのトレンド等の確認に役立ちます。また文科省の『未来技術年表』『技術予測調査』、内閣府『イノベーション25』なども活用できます。

一方では、多くの学協会や民間側においても独自のロードマップが作成されつつあり、企業サイドではいかに使い方を工夫していくかが問われています。

具体的な作成範囲の意味と実施チーム

メーカー系の会社にとっては、技術ロードマップは秘中の秘です。しかし投資情報として公開されているものも数多くあり、それをうまく活用することも大切です。

に当たっては、まずはトップのコミットメントが得られる事業領域であることが大切です。具体的には新規事業部門の場合が多いのですが、その事業領域はまさに経営課題としての重要な領域として、技術と事業の相互依存性が高いことになるはずです。

また作業するチームには多様性が必要です。チームは経営層も一緒になってロードマッピングという作業のみならず、企画段階から参画するのが望ましいのです。

実際の技術ロードマップの作成

9-2 統合化した技術ロードマップの必要性

ロードマップの統合ロードマップ化イメージ

統合するには統合の媒体として製品・商品ロードマップが必要

(製品・商品ロードマップだけはマーケティングによって検証可能)

- 事業ロードマップ（BRM）
  (経営計画・事業計画から作成)
- 製品・商品ロードマップ（PRM）
  (テーマ・マーケティングから作成)
- 技術ロードマップ（TRM）
  (技術開発内容・計画から作成)

→ 事業ロードマップ／製品・商品ロードマップ／技術ロードマップ（統合的に作成）

我々のロードマップ（個別のロードマップ） ➡ 1つのつながったロードマップ（個別のロードマップ）

統合ロードマップの具体的なアウトプットイメージ例

ロードマップの統合化は戦略の統合と共有になる

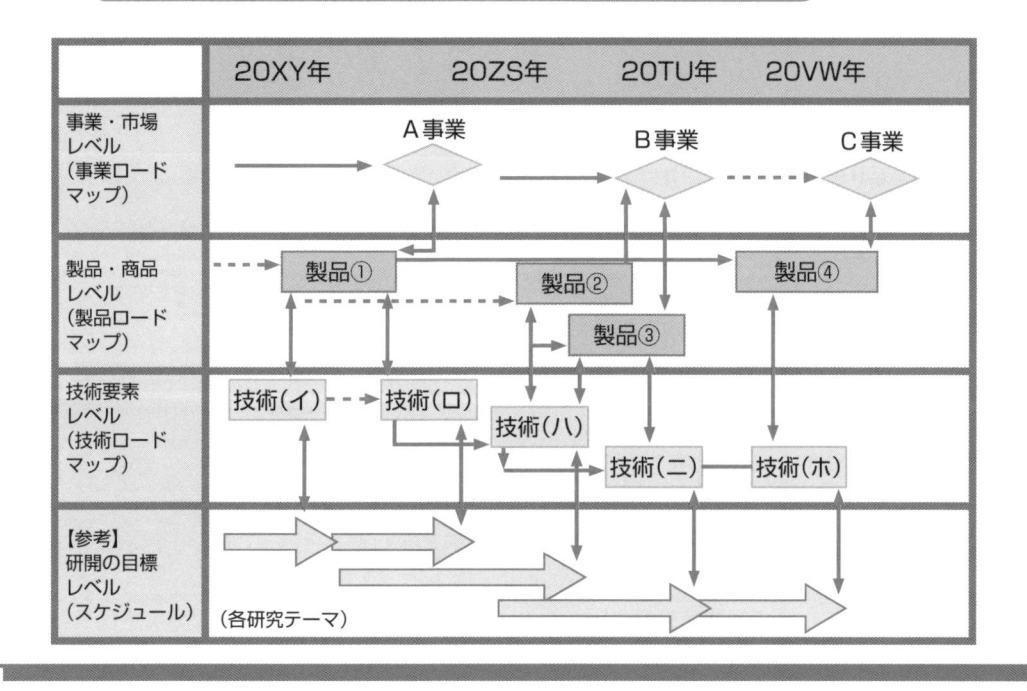

	20XY年	20ZS年	20TU年	20VW年
事業・市場レベル（事業ロードマップ）	→ A事業	→ B事業	⇢ C事業	
製品・商品レベル（製品ロードマップ）	製品①	製品② / 製品③	製品④	
技術要素レベル（技術ロードマップ）	技術(イ) ⇢ 技術(ロ)	技術(ハ)	技術(ニ) — 技術(ホ)	
【参考】研開の目標レベル（スケジュール）	(各研究テーマ)			

CHAPTER 9 未来を共有できるロードマップ、ビジネスプラン

ビジネスプラン（BP）への落とし込み

ビジネスプラン作成の目的と手段

実践MOTにおけるビジネスプラン（BP）の検討は、技術や顧客の基本データの面で不確定要素が減ってくる段階での話になります。

ビジネスプランの作成は企画や経営計画の専門家が行なうものと考えている技術者がまだ多くいますが、現実にはこれは間違いです。専門家は、データを定石どおりに仕上げる役割は慣れていますが、新しい事業化のコンセプトを生み出したり、未来という不確実なデータの上で将来を描けるわけではありません。

特に研究や開発ステージでは不確定性が大きいので、事業の内容のイメージが描けないと適切なプランができないのです。

開発から事業化ステージへと進んでくるにしたがい、不確定性は減少していきますがまだまだです。

会社の基本要素と儲けの構造（ビジネスモデル）

ビジネスプランでは、経営者の創業の志や哲学とのマッチングを含めた具体化が必要です。そのあとで誰からどうやって儲けるのかというビジネスモデルの明確化が必要となります。また人材、オフィス等の場所、製造設備、連携、営業、アフターサービスや品質保証なども製造業におけるBPの基本要素です。

また、マーケットのどこを狙うのか、総括的なマーケットのイメージではなく、開発を予定している製品そのものの具体的なマーケットのイメージとそこの定量的な数字と推移について算出することが基本です。

新規製品の場合のマーケットは、もともと存在しないことが多いのですが、代替市場候補らしきものが存在することもあります。いずれにしてもマーケットのターゲットを明確にした具体的な把握が必要となります。

ビジネスプランにおける売上・利益計画の基本的な捉え方

事業の目標を最終的な利益の数字として示して投資につなげていくのが、BPの役割であり目的です。収支計画、アクションプランにおいても、事業の売上と利益、投資計画は必須事項です。ビジネスとは最終的にこの帳尻が合わなくては意味がないものだからです。

売上規模は自分が持つ技術シーズの発展形から推測するのではなくて、まずは企業のビジネスの必要単位からおおよそのところをトップダウン的に想定すべきです。

現実的なプランとしては大きなギャップが生じますが、その対応策を説得力ある形で示すことが大切です。

利益と投資回収などを考えると、標準的な考え方は、事業開始後3年目で単年度収支がトントン、5年後に累積損の回収が1つの基本イメージとなります。

最終的には約束した目標の売上・利益の数字が達成できる複数のシナリオの作成が大切になってきます。

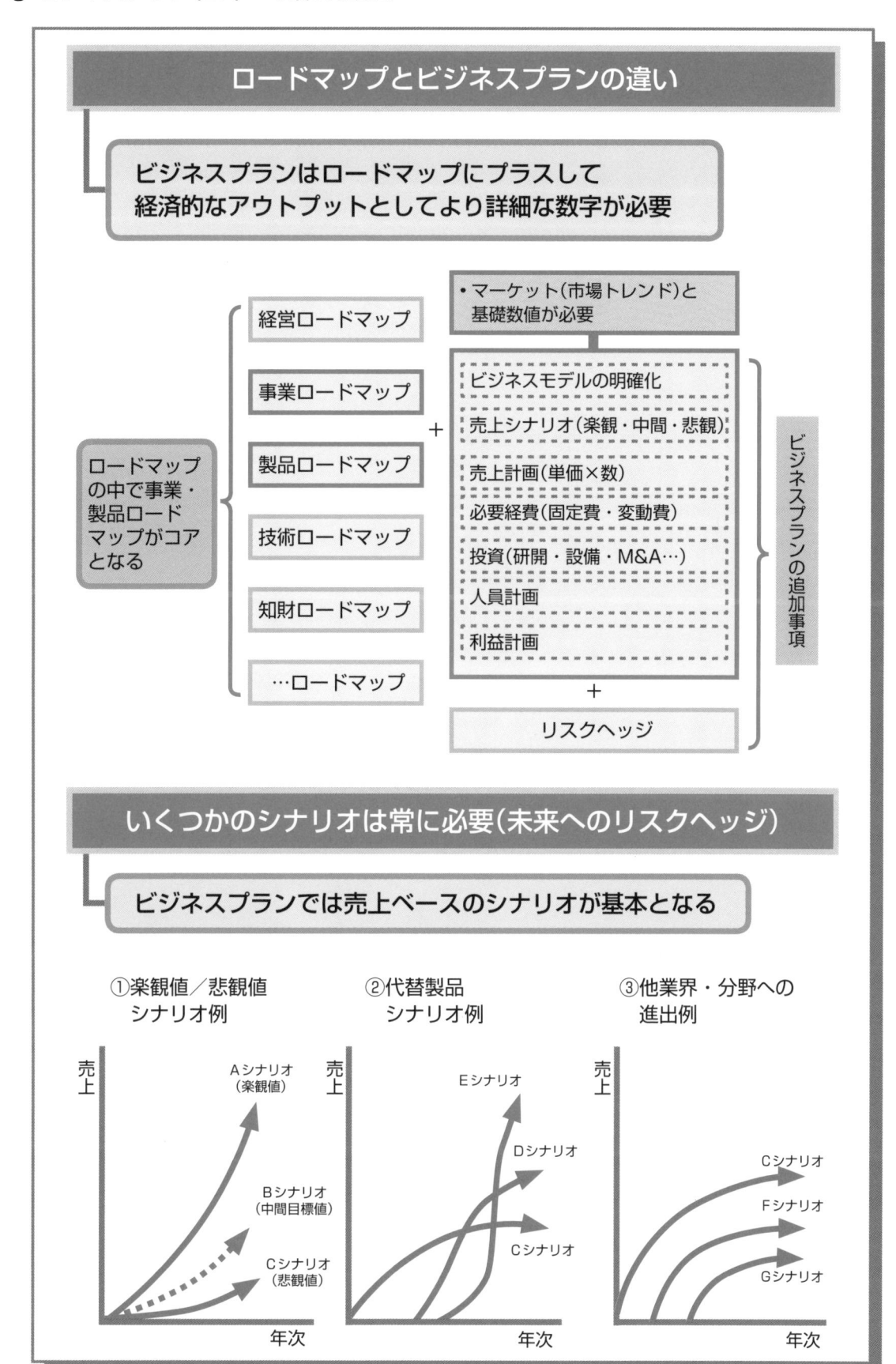

9-3 ビジネスプラン(BP)への落とし込み

ロードマップとビジネスプランの違い

ビジネスプランはロードマップにプラスして経済的なアウトプットとしてより詳細な数字が必要

- 経営ロードマップ
- 事業ロードマップ
- 製品ロードマップ
- 技術ロードマップ
- 知財ロードマップ
- …ロードマップ

ロードマップの中で事業・製品ロードマップがコアとなる

+

・マーケット(市場トレンド)と基礎数値が必要

ビジネスプランの追加事項:
- ビジネスモデルの明確化
- 売上シナリオ(楽観・中間・悲観)
- 売上計画(単価×数)
- 必要経費(固定費・変動費)
- 投資(研開・設備・M&A…)
- 人員計画
- 利益計画

+

リスクヘッジ

いくつかのシナリオは常に必要(未来へのリスクヘッジ)

ビジネスプランでは売上ベースのシナリオが基本となる

①楽観値/悲観値シナリオ例
- Aシナリオ(楽観値)
- Bシナリオ(中間目標値)
- Cシナリオ(悲観値)

(縦軸:売上、横軸:年次)

②代替製品シナリオ例
- Eシナリオ
- Dシナリオ
- Cシナリオ

(縦軸:売上、横軸:年次)

③他業界・分野への進出例
- Cシナリオ
- Fシナリオ
- Gシナリオ

(縦軸:売上、横軸:年次)

CHAPTER 9 未来を共有できる ロードマップ、ビジネスプラン

4 新事業開発のステップとリスクヘッジ

■リスクマネジメント：リスク最小化

リスクには「実施して失敗するリスク」の面が強調されることが多いのですが、実際には「実施しないで、ビジネス機会を逸するリスク」もあります。その両方のバランスを見て経営者が判断していくものです。

新技術をベースに事業を提案する場合、この両者についてちゃんと検討しておく必要があるのはいうまでもありません。

リスクマネジメントの第一歩は、リスクに対応する守りの管理か、攻めの方策のヘッジかの違いの理解であり、第二歩がリスクにかかわる事実調査です。これをうまくこなしていかないと、リスクを冒すか、冒さないかの判断までいきません。

スクマネジメントは、組織内での指示・命令としての対応だけではないことに注意が必要です。リスクマネジメントは、プロジェクトの構成メンバー全員で共有化してから自立・自律的に対応すべき、という意識で行なうものです。

不確定性の高い事業化計画（ビジネスプラン）にはリスクマネジメントが必須です。それもリスクを避けるのではなく、リスクがあっても挑戦していくことが大切です。

■研究・開発、事業化ステージでのリスクマネジメントの考え方

新しい製品や事業のイノベーションを求める場合には、研究・開発においては、できるだけ広範なトライアルを行なうという試行錯誤が必要になることに留意が必要です。

次のステージである開発から事業化段階での必要な費用はケタ違いに大きくなります。この場合には技術者を中心にした開発・事業化の推進者は、経営幹部にできるだけわかりやすく、成果とリスクを明確にし、意思決定会議などを突破することが大切です。

ベンチャー企業でも、外部から資金を調達する時には実践的なリスクマネジントが必須です。特に開発テーマ選定において、不確定性を伴うブレークスルー的な局面に移っているからこそ、いくつかのテーマやステップを考慮した代替案、すなわちリスクヘッジが必要になってきているといえます。

この時の裏づけのための最大の説得材料は、開発ステージでは技術完成度であり、事業化ステージではマーケットの動向（具体的な顧客候補の存在）と売上です。

リスクマネジメントとしての、リスク管理と、リスクヘッジは、どちらか一方でよいというわけではなく、それぞれがおかれた立場で使い分けることが大切です。

実践MOTでは不確定性の中のリスクマネジメントとしてリスクヘッジを重視します。両者の対比表は参考になると思います。

■事業化体制の明確化とリスクヘッジ

事業化へ進む各種ステージのリ外部リスクに分けて、ビジネスプ

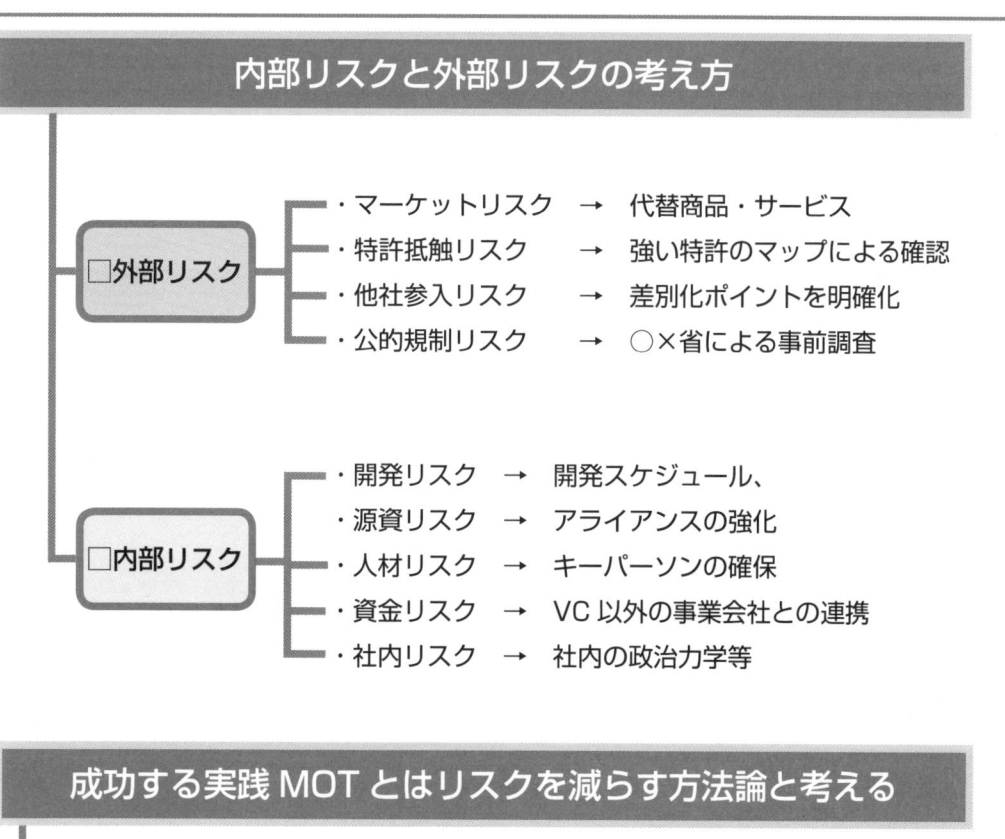

9-4 新事業開発のステップとリスクヘッジ

内部リスクと外部リスクの考え方

- □外部リスク
  - ・マーケットリスク　→　代替商品・サービス
  - ・特許抵触リスク　→　強い特許のマップによる確認
  - ・他社参入リスク　→　差別化ポイントを明確化
  - ・公的規制リスク　→　○×省による事前調査

- □内部リスク
  - ・開発リスク　→　開発スケジュール、
  - ・源資リスク　→　アライアンスの強化
  - ・人材リスク　→　キーパーソンの確保
  - ・資金リスク　→　VC以外の事業会社との連携
  - ・社内リスク　→　社内の政治力学等

成功する実践MOTとはリスクを減らす方法論と考える

- □技術とマーケットの不確定さを克服(イノベーションのマネジメント)

- □どのようなイノベーションに価値があるか判断

- □経営者による意思決定が可視化され共有化されやすくなる

- □リスクを減らす考え方：ハイテクのマーケティングとリスクヘッジ

- □そのための方法論(ベンチャー、プロジェクト・マネジメント、知財とアライアンス、ロードマップ)

- ・もともとリスクが多くあるので、次の手を数多く、予め考えておくかがポイントとなる。

Chapter 9のまとめと実践ワークシート

未来を共有化するロードマップ、ビジネスプラン戦略

まとめ①未来を創りマネジメントする

ロードマップ	⇔	スケジュール
（未来ベースのマップ）		（過去・現在ベースの予定表）

実践ワークシート①ロードマップは未来起点となっているか

- スケジュールとの違いは明確か：
- 未来から描いているか：
- 概念モデルであることを知っているか：

まとめ②統合化した技術ロードマップの必要性

技術ロードマップ	⇔	統合化ロードマップ
（技術完成度がターゲットになることが多い）		（事業、製品と技術が紐づけされる）

実践ワークシート②統合化することで技術ロードマップは社内で存在価値を持つ

- 技術ロードマップは存在するか：
- 統合化されているか：
- 統合化するために何が必要か：

まとめ③ビジネスプラン(BP)への落とし込み

ロードマップ	⇔	ビジネスプラン
（未来のありたい姿に近づくマップ）		（ビジネスとして利益を生むプラン）

実践ワークシート③ロードマップとビジネスプランが混乱していないか

- ロードマップのマッチングがされているか：
- アクションプランはどうなっているか：
- ビジネスプランはロードマップと異なっていないか：

まとめ④新事業開発のステップとリスクヘッジ

実施するリスク	⇔	実施しないリスク
（出費の全体はおおよそつかめる）		（ビジョン創りができないと推定できない）

実践ワークシート④さまざまなリスクを防ぐにはどのリスクマネジメントが必要か

- 実施するリスクは計算されているか：
- 実施しないリスクは考慮されているか：
- リスクのあり方について検討されているか：

CHAPTER 10
風土を打破しイノベーションを起こす人材

　本章では「実践MOT入門」のまとめの章として、これまで紹介してきた実践MOTがイノベーションの完成までにどのように必要かということから整理してみます。

　まずは、技術者の個人における戦略的生き方や評価、各種ベンチャーへの挑戦などを中心として、実践MOTがどのように役に立つかを述べます。さらに起（企）業家精神の本質について検討し、イノベーションや実践MOTの主役は技術者本人であること、発想の転換を行ないながら自らが全体を通して行なうことが大切であることを示して、具体的なアクションにつなげることを期待します。

CHAPTER 10 風土を打破しイノベーションを起こす人材

1 新規事業開発とイノベーション、技術者

イノベーションと大きな組織の特性と付加価値

良い技術を持っていても、現実に会社の内外でイノベーションを起こそうとすると、さまざまな障害にぶつかります。組織が大きくなった場合は一般的には管理型（官僚化）体制になり、役割は細分化され全体が見えなくなります。

これまでの（技術者に対する）発想要求は、経験とデータと論理に基づいて、きっちり（プロセスが大切）作る、造ることが大切でした。そこでは過去の学習と連続的なベースを重視することが多かったといえます。

これからの（技術者に対する）発想要求は、創造力と将来の可能性に基づいて、ちゃんと（結果、プロダクトが大切）創ることが付加価値となります。

それは未来の先読みと不連続なベースの克服が必要になります。

イノベーションのマネジメントの勘所

発想の転換が必要なイノベーションのマネジメントですが、具体的にはどうすればよいのでしょうか。これらのポイントを別の視点から整理すると、「仮説の構築と検証作業のサイクルをいかに早く回すか」が重要なポイントとなります。

発想・開発の成果を事業化する過程では、大企業といえどもすべてを一企業内部だけで行なうことはできません。多くの社内外の仲間と協力し合える体制やマネジメント能力も必要になります。

実践MOTにおけるアクターたち

実践MOTに関連する組織的アクターとしては、「ベンチャー企業」と「大企業のコーポレートベンチャー、プロジェクト」だけでなく、「大学」「国立・公立研究所」

「民間の委託研究機関」などの組み合わせもあります。

このため企業では、これらのアクターと共通のターゲットを模索しながらうまくアライアンスをして展開したり、研究・開発を委託・共同できるかがポイントとなります。

技術者の役割もずいぶん拡がってきています。従来の研究、開発、設計、製造等という技術専門家から、マーケットを先読みしたり自ら新事業を企画・実践する、というように付加価値を向上させるとともに、自分の価値を向上させることが大切です。

そのような中で、技術者自身が自らその能力や性格に応じた役割を演じたり適材適所として活躍することが、個人にとっても効率がよく、個人も幸せとなり、社会にも役立つこととなります。

このことが、まさに企業におけるイノベーターの出現となり、また技術者個人のイノベーションの実践ともなります。

10-1 新規事業開発とイノベーション、技術者

技術者はどのようにして価値を高めるか？

□ まずは技術者としてプロであること(社内の専門家だけでは不十分)

- □ 新事業への +α（付加価値）
  - ・事業戦略、ビジネスプラン構築能力、プロジェクト・マネジメント能力（と実績）…MOT、MBA
  - ・マーケティング能力…MBA、マーケティング学校
  - ・会計・財務能力…会計士、税理士
  - ・知財マネジメント…弁理士、各種知財資格、特許経験
  - ・アライアンス構築・法務・契約…弁護士、ロースクール

- □ 内部リスク
  - ・コミュニケーション力（英語、プレゼン力、発信力）
  - ・フレキシビリティ、発想力（変化への対応力、新規提案力）
  - ・IT力（パソコン、通信、各種最新IT関連）

イノベーションのパラダイムシフトに対応する発想の変化

□ 何が難しいか、どんな発想の転換を要求しているか

□ これまでの（技術者に対する）発想要求

経験とデータと論理に基づいて、きっちり（プロセスが大切）作る、造ること…過去の学習と連続的なペース

> 簡単そうで簡単ではない！しかし実行すれば価値は大きい

□ これからの（技術者に対する）発想要求

想像力と将来の可能性に基づいて、ちゃんと（結果、プロダクト）作る、創ること…未来の先読みと不連続的なペース…イノベーターへ

CHAPTER 10 風土を打破しイノベーションを起こす人材

2 技術者にとって実践MOTは何の役に立つか

技術者にとっての実践MOTとは

MOTの目的は一般的には技術の商品化・事業化といえます。企業側のアウトプットは比較的わかりやすいのですが、そのMOTを実践する側の技術者にとってのメリットや出口について考えてみましょう。

不確定性が高く、先が見えにくい開発・事業化のステージを越えて、そこに至るためのプロセスの枠組みが組織体制の存在です。具体的にはプロジェクトやベンチャー企業、アライアンスであり、それらをうまく組み合わせて提案することもあります。

言い換えれば、企業や技術者がその組織をどのようにうまく使っていくか、使われていくかを競い合うこととともいえます。

MOTを学ぶ対象者のイメージと出口

実践MOTを学ぶ対象者として技術者を見た場合、どのような年齢層を対象とするかによって、その内容や考え方は大きく変わってきます。

技術者と一口にいっても、個人的な差は実に大きいのです。大学院の学生や新入社員は技術だけの知識しかありません。中間管理職になりたての中堅どころでは、技術的能力は最大になっていても、経営マネジメント的なことはこれからです。

一方、中高年齢層においては、技術も経営マネジメント知識もある程度持っている人も多くいますが、大企業の管理職レベルでは便利な役割分担制により完全ではありません。今後は技術者のほうが自分のレベルに合ったマネジメントの考え方や手法の勉強をすることが求められるところですが、実践MOTはそれらに対応できる内容になりつつあります。

MOT、イノベーションのマネジメントは何の役に立つか

実践MOTの会社と個人に対する役立ち方をもう一度、整理しましょう。これまでに述べてきたように、MOTは不確定な未来へのマネジメントツールといえます。一度だけ大なり小なりのイノベーションがうまくいったとしても、時間が少しずれて同じことをやっても、組織として同じように成功するとは限りません。では、実践MOTは役に立つか？ これに答えるのは容易ではありませんが、実践MOTとは、未来のマネジメント、すなわち成功確率を上げる定石を与えるものといってよいでしょう。

個人ベースとしては、組織内で成功確率を上げるトライアルを数多くできるということで、その経験とスキルは自分自身にノーリスクで蓄積され確実に役立ちます。さらに現実的なメリットとしては、新事業開発というイノベーションに挑戦することで、組織的な達成感と評価があります。

また、実践MOT自体の関係者の全員がWIN-WINになる、協創という本質を持っており、実践MOTの本質は皆が幸せになる仕組みといってもよいのかと思います。

10-2 技術者にとって実践MOTは何の役に立つか

実践MOTの役割と技術者

- □実践MOTの体系、知識と実行力を明確にする
  - □MOTの知識…不確定・不連続な未来に適応する知恵を与えるもの。いろいろとツールが揃ってきている
  - □MOTの体系化…しかし知識の積み重ねで答えが出るものではない。知恵と実践による仮説構築が必要
  - □MOTの実践…自分で未来を拓く自律・自律の人々：起業家精神の必要性！試行錯誤の実践

    …ではどうすれば？

実践MOTは何の役に立つか

- □実践MOTとイノベーションの関係をわかりやすく説明する
  - □MOT&イノベーションへ（技術者の役割）
    - □必ずしもうまくいくわけではない
      …しかし間違いなく確率を向上させる役割
    - ①やってはいけない失敗を防止
    - ②無駄な研究、開発行為を防止
    - ③見えない将来を可視化し不安を希望に転換
  - □MOT&イノベーションを知ること（技術者のメリット）
    - □内容を共有化することのメリットは…
    - ①意思決定のスピードと判断向上と自信（経営者・技術者）
    - ②仮説構築力の向上（企画者・技術者）
    - ③技術者のモチベーション向上（技術者）

CHAPTER 10 風土を打破しイノベーションを起こす人材

企業家精神と個人戦略としてのロードマップ

技術者と起(企)業家精神とは

実践MOTの考え方とその手法について明確に理解したところで、現実にはそれを動かす(マネジメントする)実行者がいなくては話になりません。

その時の実行者に要求されるポイントは起(企)業家精神であり、それはハングリー精神とは異なります。

ハングリー精神とは、自分が生きるために挑戦することを「ハングリー精神」といいますが、同じようなチャレンジでも、業を企て、起こし、仲間を巻き込み皆と一緒に自己+他人実現を図ることが起(企)業家精神だと思います。

個人戦略としてのロードマップ

各個人が属している組織において、いかに個人が頑張ろうとも、組織が求める成果での戦略はあくまで組織としてのものであること に留意が必要です。

一方では個人としてのロードマップとポートフォリオを、それぞれの個人が環境や能力条件の中で自己の強みの発見と自己の位置づけとして描くことが大切です。

つまり、個人のロードマップの出口と(オーナーでないかぎり)違いがあるということです。

個人のロードマップについては自立・自律が基本であり、どんな組織の中にいようとも自分自身が新事業体として獲得しなければいけないものです。

自立・自律のための戦略とは

技術者の大多数を占めるサラリーマンの場合、いずれかの組織の中で、その経歴や能力、知識、智恵、経験を見込まれて存在している場合が多いと思います。しかし組織の持続性を重視するので、直 接は個人の出口戦略とは一致しないことが多いのです。しかし、可能な限りその双方の出口をW I N - W I Nの関係にもってくる戦略が重要となります。

各個人が考えておく必要があるものは、自分自身と組織の双方を考えた自分の出口戦略です。

もしある程度ビジネスに興味をもち、自己実現を図ろうと考えているのならば、1つの専門分野を押さえたあとに、できるだけ若いうちにもうひとつの専門分野を持つこと、すなわちダブルメジャー化を勧めたいと思います。

いずれの方向にせよ、実践MOTの方法論でもある個人のビジョン構築とロードマップ作成が前提となり、いつの日か組織体を離れる時に役立ってくることになります。

ともに変化していき、いずれは乖離し不要となる定年を迎えます。

この対応策としては、大きく分けると2つの方向性があります。

1つはすでに持っている専門知識の深耕化です。すなわち、自分の得意な専門知識をさらに深くほりさげ、他人の追随を許さないように技術プロフェッショナルになっていくことです。

もう1つの戦略は専門知識分野の拡充を行ない、広い範囲で対応できる自立・自律の戦略です。

10-3 企業家精神と個人戦略としてのロードマップ

イノベーションに必要な企(起)業家精神

□挑戦心(チャレンジ精神)をベースにしているが…

×ハングリー精神	□ハングリー精神、単なるチャレンジ精神…個人／自分中心(余裕がない、余裕を創れない)…何でもトライ(戦略より実行！)
○企業家精神	□起業家精神(企業家精神)…業を企てる、起こす。自分だけではできない、他人のことも考えて挑戦する(余裕がある、余裕を創る)…強みと弱みの把握と戦略

イノベーションに必要な人材の要件とは

□プロダクト・イノベーション：創造性があるイノベーター人材が必要に

- □これからは不確定要素への挑戦が重要に
- □他人の反対を覚悟したチャレンジ…納得と説得、行動
- □まず自立・自立意識を…じぶんでやらなければ誰も助けてくれない(人生は長い…)
- □自分も強みの認識を…外部から評価する、履歴の棚卸し
- □その上でのアライアンスにより、強みと弱みの補強
- □仮説の構築と検証、再トライというサイクルのスピード
- □自分のビジネスプランからビジョンと戦略、戦術の実行

不確定性を克服する個人戦略のためのビジョンと強み

□個人のビジョン構築による強みと楽しさの発見法

(分類)	(内容)	(対応例)
□個人のビジョン構築とロードマップ	□人生全体のスパンを考える(何を記録・記憶で残したいですか)	技術者の人生戦略…自立・自律の時期(いつか必ず来る…)は
□個人の強みと楽しさのポートフォリオ	□好きなこと、嬉しいこと…自分の徹底分析(何が嬉しいですか、得意ですか、好きですか)	理科少年(時代)の遊びの自己分析が切り口(好奇心、冒険心、感動心…)

CHAPTER 10 風土を打破しイノベーションを起こす人材

自分の強みを見つけて自立・自律人材となる

■ 個人戦略策定の指針

究極的には、個人は1つの事業体です。特に新規の事業体としてゼロから始まり、世の中に挑戦する自己プロジェクトと考えてもよいでしょう。

その時の外部環境は人によってさまざまですが、確実にいえることは、個人の場合は必ず新規事業体として新しくスタートしてから100年程度で寿命がくるということです。

個人の事業としての連続性は生命の継続性、子孫の誕生によって受け継がれますが、自分自身の事業体としての寿命は必ず存在します。

組織体には、そこの中で業務を分担しながら、いかに新しい事業を築き発展させていくかということが継続性の面から大切です。その未来設計図がロードマップやビジネスプランとなって存在していきます。

■ 不確実な海を航海して成功するために

組織と個人の関係は、組織の中の自分という形に注目すればクローズドです。属している組織と個人的には役割を失う可能性もあるのです。

企業での出口戦略が完了した時は、往々にして組織と出口戦略と個人の思いが矛盾することがあります。このため、個人の出口戦略を明確に持っていないと、組織の出口戦略は100％成功しても、個人の生活の糧をかせぎ、また世の中いうのはその最大のもので、日々

■ 個人戦略の具体的なまとめ

各個人は、義務教育という共通の場を経て、まさにスタートアップ、自分のポジションの確保、生命の維持のための収支バランス、投資による発展など、さまざまなステージを経るわけです。

人生全体のスパンを考えるために人生全体のスパンを示してみると、平均余命として、60歳まで生きてきた人にとっては85〜89歳と寿命が延びています。このことは60歳の人が25〜30年も生き続けるということで、それまで働いてきた人生の長さと同じ期間を自ら切り拓くこととほぼ同等になります。その間のやりがいや仕事をロードマップ化して、家族のそれと統合化することが必要です。

まずは全体のフレームワーク（100歳までのグランドスケジュール）を作ることから始まり、明確な人生（自分、家族等）のマイルストンを記入することがスタートです。その際、現在属している組織の境界を挟んで、内側と外側の両面の視点から検討することが必要です。必ず複数の軸を通してみないと、全体は見えないことになります。

このあとはライフサイクル全般を俯瞰して自由なマイルストンを記入するのです。自己ロードマップはいつでも眺められるように、そばにキープしておくことも大切です。

最後に、何事もとにかく思い立ったときに始めることが大切であることを述べて、本書の最後の言葉とします。

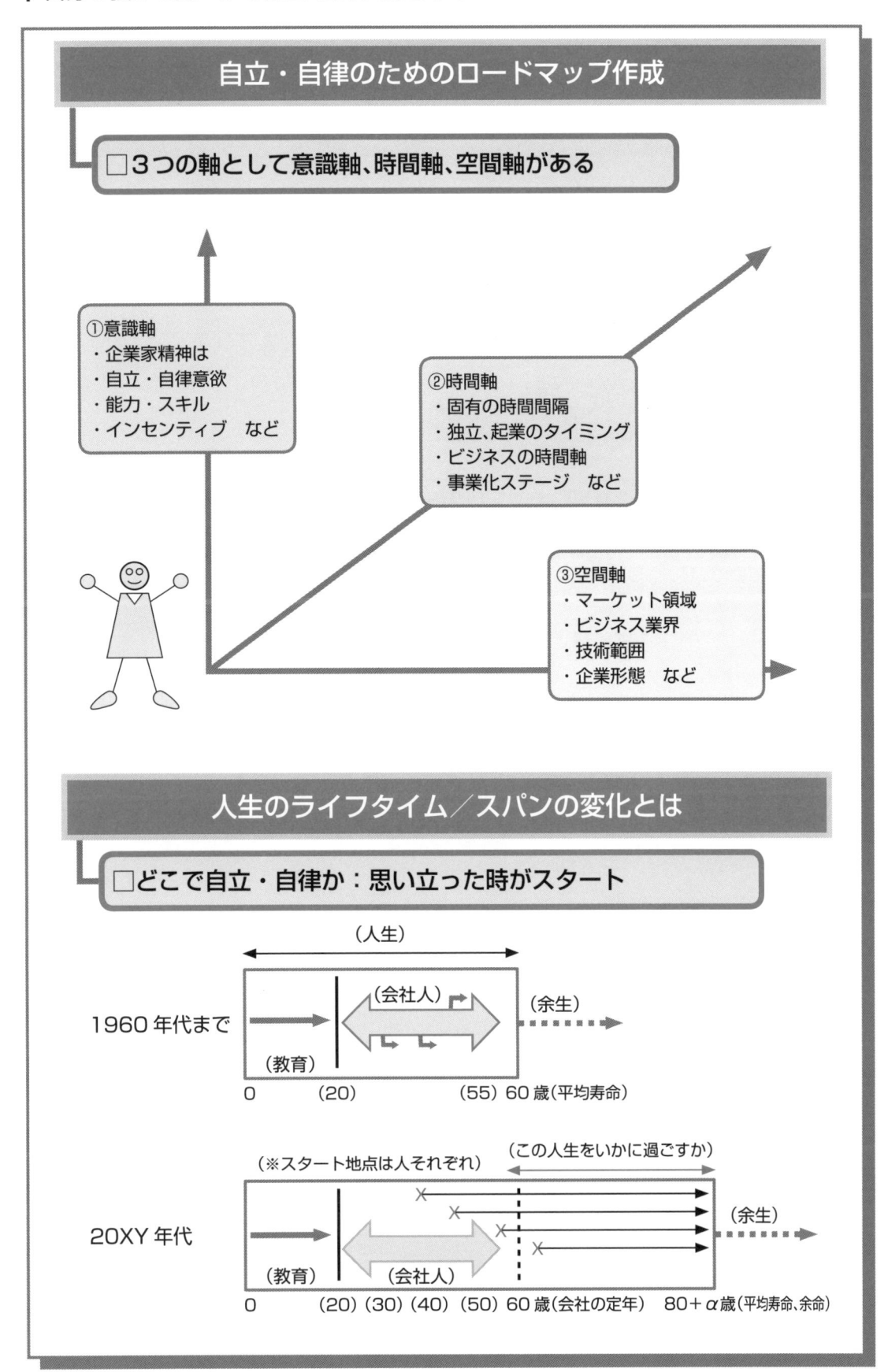

10-4 自分の強みを見つけて自立・自律人材となる

自立・自律のためのロードマップ作成

□ 3つの軸として意識軸、時間軸、空間軸がある

①意識軸
- 企業家精神は
- 自立・自律意欲
- 能力・スキル
- インセンティブ　など

②時間軸
- 固有の時間間隔
- 独立、起業のタイミング
- ビジネスの時間軸
- 事業化ステージ　など

③空間軸
- マーケット領域
- ビジネス業界
- 技術範囲
- 企業形態　など

人生のライフタイム／スパンの変化とは

□ どこで自立・自律か：思い立った時がスタート

1960年代まで
（人生）
（教育）（会社人）（余生）
0　　(20)　　(55) 60歳（平均寿命）

20XY年代
（※スタート地点は人それぞれ）　（この人生をいかに過ごすか）
（教育）（会社人）（余生）
0　(20)(30)(40)(50) 60歳（会社の定年）　80+α歳（平均寿命、余命）

Chapter10 のまとめと実践ワークシート

イノベーションを起こす人材・自己戦略

まとめ① パラダイムシフトに対応する技術者の発想

- 経験とデータと論理 ⇔ 仮説構築と検証、試行錯誤
- （プロセス・イノベーション対応型）　（プロダクト・イノベーション対応型）

実践ワークシート①これからのパラダイムに対する発想力とは
- 今の自分の発想パターンはどちらか：
- プロダクト・イノベーション対応型への自らの行動は：
- あなたは個人の付加価値を上げるどんな努力をしているか：

まとめ② 実践MOTと技術者の役割を明確にする

- MOTの知識 ⇔ MOTの体系化 ⇔ MOTの実践
- （不確定な未来への方法論）（どこでいつMOTを使うか）（誰が（自分が）どのように使うか）

実践ワークシート②実践MOTの内容の理解、吸収度はどのくらいか
- MOTの知識は何があるか：
- MOTの使うタイミングはわかるか：
- MOTを自分でやることは可能か：

まとめ③ 企(起)業家精神と個人ロードマップ

- ハングリー精神 ⇔ 企(起)業家精神
- （自分がよければまずは良い）（皆で一緒に業を企て起こす）

実践ワークシート③企(起)業家精神を考えてみたことはあるか
- 周囲の人たちはどちらか：
- その理由は何か：
- あなたの企(起)業家精神は：

まとめ④ 自立・自律のための戦略と強みの発見

- 個人のビジョン／ロードマップ ⇔ 個人の強み／弱み
- （自分のロードマップ）（自己分析と楽しみ、わくわく感）

実践ワークシート④自分の強み（と弱み）は明確か
- 自分の弱みはなにか：
- 自分の強みはなにか：
- 強みを磨くために何をしているか：

資料 01

開発・事業化ステージの実践 MOT マネジメントチェックシート

開発ステージでのチェックポイント（研究成果から製品を創る／作るマネジメント）

☐ 開発プロジェクトマネジメントのポイント

- ☐ プロジェクトの開発目標を明確にし、その内容をメンバー全員に周知させる（目標は変化していくことを含めて）
- ☐ 開発の目標仕様をどこで妥協するのかの判断（優先順位付け、どこで何をやり何をやめるか）
- ☐ メンバー個人の適正をきちんと把握し、最適配置する（任命、罷免を含めて）

☐ 開発ステージでのマネジャーの留意点

- ☐ プロジェクト組織の外との関係（社内での上下左右）の円滑化
- ☐ プロジェクト内部の横のコミュニケーションの促進（壁をなくす）
- ☐ 製品・目標仕様の重要度について（顧客ニーズ）自ら熟知する

事業化ステージでのチェックポイント（製品を商品にするマネジメント）

☐ 事業化マネジメントのポイント

- ☐ 事業化の目標を明確にし、メンバーに周知徹底させる（何をもって事業化達成か、明確にして伝える）
- ☐ 適切な顧客を選定し、そこへの売り込みを戦略的に実施する（優先順位と製品の優位差の把握）
- ☐ 適正価格で購入してくれる業界のメジャー顧客と関係を持つ（適正価格の決定と利益の確保）

☐ 事業化でのマネジャーの留意点

- ☐ 製品の改良による商品化は重点顧客を最優先（集中と選択）
- ☐ 営業サイドの論理を過度に聞かない（何でも聞くと技術レベルが拡散する）
- ☐ 工場サイドの論理を過度に聞かない（工場生産のアイドル対策として一度価格を下げると二度と上がらない）

資料 02

カテゴリー別実践シートの検討項目とチェックポイント

☐ マーケットカテゴリー「　　　　　」 ◄---- 類似製品をまとめる（マーケット、技術）
　（具体的製品名：　　　　　　　　） ◄---- 具体的な製品名を全部記入する

☐ 売上推移予想 ◄---- 現在のマーケット＋新マーケット
　（計算・推定根拠：　　　　　　　） 　　　　算定根拠を記入する

年度	2014	2015	2016	2017	2018
全体					

◄---- 1年ごと、5～6年間を記入していく
◄---- 自社製品のシェアから割り出した数字を記入（期待値）

☐ 予想（期待）顧客先、業界 ◄---- できるだけ具体的に
　（具体的会社名、部署：　　　　　） 　　　　（間違っていてもいい）

☐ マーケットの持つ課題 ◄---- マーケットの特性などがあれば具体的に

☐ 技術的課題と差別化のポイント ◄---- 現在と将来の見通しで可

☐ 競合と優位性 ◄---- 提案者、企画者の直感をまず記入
　（優位、同等、劣位、不明）

☐ 販促パンフの存在と不足内容 ◄---- マーケット時に使えるイメージ的なものでOK

☐ 知財（特許、商標など）の現状 ◄---- 関連するものを全部挙げる

☐ その他（自社の強みと関連など） ◄---- あれば全部挙げる

おわりに

<本書の作成経緯>

　本書は２０１０年に上梓されたMOT解説入門書の『実践図解 最強のMOT戦略チャート』（秀和システム刊）の増補改訂版です。筆者のＭＯＴ手法による開発から事業化へのコンサルテング経験の入門ノウハウを全て投入したMOT（技術経営）の実践における集大成のワークブックともいうべき本です。

　本書の姉妹書としては、実践MOTの内容を具体的に詳述した『実践図解 パーフェクトMOT』（秀和システム刊）、さらにマーケティングのところだけを抽出した『実践図解 MOTマーケティング入門』などがあります。

　したがって本書のワークブックと前述の解説書はできれば同時に活用していただき、MOTの考え方と具体的なツールを知るとともに、実際に使うタイミングと場所を間違えないような智恵とスキルを取得し、実践のハンドブックとして有効に使っていただきたいと願っています。

　本書で「実践ＭＯＴの入門の定石」をチャート式で効率よく学び、活用することで、普通に行なうと１０００のうちの３つとか、情熱のある経営者と担当者がいても１００のうち３つといわれる新規事業の成功確率を１０のうちの３つに高めることができ、可能性が増すことを願っています。

<株式会社テクノ・インテグレーション紹介>

　日本の産業活性力の源泉は技術・技術者にあり、この現実的なソリューションを提供する目的で、２００４年３月１日に設立しました。その中で、日本的で実践的なＭＯＴの体系化に取り組み、多くの実績を積んできました。

　たとえば、新規事業のロードマップの作成、技術者のマーケティング、研究開発テーマの事業化評価、異分野・産学のアライアンス、社内外ベンチャー起業、プロジェクトマネジメント、経営者や顧客と共有するビジネスモデルの立案支援などを効率的に行なうことです。

　業務は現場ベースの開発・事業化コンサルテングを中心にしておりますが、研究開発テーマ、事業開発テーマの評価・可視化などの他、実践ＭＯＴに関する社内研修やセミナーなどの活動を行なっています。もちろん講演も積極的にお引き受けします。ぜひメールでお気軽にお問い合わせください。

　　　　　　　　　　　　　　　ＨＰ：http://www.techno-ig.com
　　　　　　　　　　　　　　　連絡先　info@techno-ig.com

著者のMOT関連著作・共著・監修本

<著者のMOT関連著作・共著・監修本>
『図解 実践ロードマップ入門』（言視舎、2015刊）……技術ロードマップから商品、事業ロードマップを統合化するプロセスと事例を実践的に詳しく記述した入門書。

『図解 実践オープン・イノベーション入門』（言視舎、2016刊）……社内外のリソースを融合させ、顧客価値を実現させるための共創と協創をわかりやすく説明した入門書。

『増補改訂版 図解 実践MOTマーケティング入門』（言視舎、2017刊）……MOTの中のいわゆるMOTマーケティング、すなわち顧客価値をどのように技術仕様に翻訳するかを実践的に示した入門・応用展開本。

『技術経営の考え方：ＭＯＴと開発ベンチャーの現場から』（光文社、2004刊）……大企業における新事業の成功、失敗事例が経験談として示され、米国や日本の開発ベンチャー企業の事例にも詳しいケーススタデイ本。

『新事業とイノベーションにおける知財の活かし方』（発明協会、2011刊）……新規事業に関わる知財を中心にしていかに活用するかを明快に示した本。アライアンスの時の注意事項や知財の事業性評価なども満載で、現場でのQ&Aも多数いれた実践的な知財マネジメントの活用法。

出川通著：『新事業創出のすすめ―プロフェッショナル技術者を目指して』（オプトロニクス社、2006刊）……著者の新規事業のプロジェクトや社内外ベンチャーなどの経験談が豊富に実際に即して詳細に述べてある。現役の新事業プロジェクト・マネジャーのために書いた本。

（共著）原山 優子・氏家 豊・出川 通：『産業革新の源泉―ベンチャー企業が駆動するイノベーション・エコシステム』（白桃書房、2009刊）……米国のベンチャー企業、日本の中小企業の共通点や相違点を実際に即して比較検証して、日本におけるイノベーションの可能性を検討した理論と実践事例本。

（監修）バーゲルマン、クリステンセン他編：『技術とイノベーションの戦略的マネジメント』（上）（下）、翔泳社、2007刊……米国の本格的なMOTの教科書の翻訳版で、本場のMOTがどのような考え方と事例で成り立っているかを知るために必要なことが全て網羅されている本。

<その他の実践的な参考書>
『イノベーションのための理科少年・少女シリーズ①～⑦』（言視舎から刊行中）

[著者]

出川通（でがわ・とおる）

2004年に株式会社テクノ・インテグレーションを設立、代表取締役社長として、技術経営やイノベーションのマネジメント手法を用いて開発・事業化のコンサルタントを行なう。また、いくつものベンチャー創業も行ない複数の中小ベンチャー役員を兼任。
1974年東北大学大学院修了。工学博士。大手重工メーカーにて、30年近くにわたり、いくつかの新規事業を産学連携や日米のベンチャー企業と共同で企画段階から立ち上げ、事業化を成功させた。専門は実践MOT（技術経営）とマクロからナノまでの材料加工プロセス。
併任として早稲田大学・東北大学・島根大学・大分大学・香川大学などの客員教授や名古屋大学・横浜国立大学非常勤講師などとして学生、社会人、経営者に実践MOTを講義すると共にNEDO、JST各種評価委員、技術者教育関係団体の理事など多くの役職に就任。MOT、新事業、イノベーションなどに関する著書多数。
連絡先：degawa@techno-ig.com

装丁………佐々木正見
DTP制作・編集………出川錬
編集協力………田中はるか

※本書は2010年（株）秀和システムから刊行された『実践図解 最強のMOT戦略チャート』の増補改訂版です。

増補改訂版
[図解]実践MOT入門
技術を新規事業・新商品につなげる方法

発行日❖2014年 8月30日 初版第1刷
　　　 2021年 8月30日 　　第4刷

著者
出川通
発行者
杉山尚次
発行所
株式会社言視舎
東京都千代田区富士見2-2-2 〒102-0071
電話 03-3234-5997　FAX 03-3234-5957
http://www.s-pn.jp/
印刷・製本
中央精版印刷㈱

Ⓒ Toru Degawa,2014, Printed in Japan
ISBN978-4-905369-96-7 C0034

関連書

「知的自営業」のすすめ
技術者のための独立コンサル入門講座

978-4-86565-187-4

技術者は50歳からが本番！　会社は給料をもらいながら学べるビジネススクール＋実験室。自分の『棚卸』法、自立のノウハウ、年収シミュレーションを開示！「知的自営業」へ転換してモチベーションもインセンティブも大幅に向上！

出川通 著　　四六判並製　定価1600円＋税

[図解]ライフデザインの教科書
自立をささえるキャリア、メンタル、ファイナンス講座

978-4-86565-204-8

サラリーマンは50歳からが本番。仕事、収入に疑問を感じているサラリーマンに定年後の働き方改革を提案！やりがい（キャリア）、愉しさ（メンタル・モチベーション）、稼ぎ（ファイナンス）を図解。いま何を準備すべきか？

出川通、浅賀桃子 著　　B5判並製　定価1200円＋税

75歳まで働き愉しむ方法
「自分ロードマップ」で未来がみえてくる

978-4-86565-013-6

年金危機時代、ビジネスマンが組織を「卒業」することを前提に、75歳まで働き愉しむ戦略を提案。どうすれば可能か、どういう準備が必要か、収入面もきちんと解説。その実現には未来の設計図＝ロードマップが役立ちます。

出川通 著　　A5判並製　定価1300円＋税

理系人生 自己実現ロードマップ読本
イノベーションのための理科少年シリーズ
改訂版「理科少年」が仕事を変える、会社を救う

978-4-905369-43-1

「専門家」「技術者」というだけでは食べていけない時代…仕事と組織をイノベートするには「理科少年」の発想が最も有効。生きた発想とはどういったものなのか？　エンジニアに限らず、どの分野でも使える知恵とノウハウ満載！

出川通 著　　四六判並製　定価1600円＋税

「ザインエレクトロニクス」最強ベンチャー論
イノベーションのための理科少年シリーズ
強い人材・組織をどのようにつくるか

978-4-905369-07-3

2010-11年就職優良度ランキング、創業社長率いるベンチャー企業No.1の「ザインエレクトロニクス」。そのCEOが語る強い組織の"秘密"。仕事に対する心構え、人材育成法から、日本のビジネス環境論、日本の技術を再生させる方策まで、イノベーションを実現する叡智の数々。

飯塚哲哉／田辺孝二／出川通 著　　四六判並製　定価1400円＋税

平賀源内に学ぶ イノベーターになる方法
イノベーションのための理科少年シリーズ

978-4-905369-42-4

平賀源内の発想法・生き方が、現在の日本と日本人を活性化する。学者、発見家、発明家、エンジニア、起業家、ネットワーカー……改革者として源内がなしたことを検証し、現在に生かすヒント・方法を導き出す。

出川通 著　　四六判並製　定価1500円＋税

あなたは理系女子？
イノベーションのための理科少年・少女シリーズ
YUKO教授がつぶやく超「理系女子」論

978-4-905369-92-9

イノベーションのための超「理系女子」論。なぜ理系女子が注目されるのか？　その存在は日本社会に何をもたらすのか？　理系・文系の壁を突き破り、ジェンダーを超え、国境も超えてワールドワイドに活動するための思考法と行動原理。

原山優子 著　　四六判並製　定価1500円＋税